Max Lucado

A ajuda está aqui

Enfrentando os desafios da vida com o poder do Espírito

Tradução de Vanderlei Ortigoza Júnior

Título original: *Help is Here: Finding Fresh Strength and Purpose in the Power of the Holy Spirit*. © 2022 por Max Lucado. © da tradução 2022 por Vida Melhor Editora LTDA.

Edição original por Thomas Nelson. Todos os direitos reservados.

Todos os direitos desta publicação são reservados por Vida Melhor Editora LTDA.

Publisher	*Samuel Coto*
Produção editorial	*Lais Chagas*
Preparação	*Eliana Moura Mattos*
Revisão	*Clarissa Melo e Gabriel Braz*
Projeto gráfico e diagramação	*Joede Bezerra*
Capa	*Rafael Brum*

Os pontos de vista desta obra são de total responsabilidade de seu autor, não refletindo necessariamente a posição da Thomas Nelson Brasil, da HarperCollins Christian Publishing ou de sua equipe editorial.

As citações bíblicas sem a indicação da versão foram traduzidas diretamente da English Standard Version. As demais citações com indicação da versão foram traduzidas diretamente das seguintes Bíblias: Amplified® Bible (AMP). Amplified Bible, Classic Edition (AMPC). Good News Translation in Today's English Version—Second Edition (GNT). Holy Bible: International Standard Version (ISV). King James Version (KJV). *The Message* (The Message). New American Standard Bible® (NASB). New Century Version® (NCV). New English Bible (NEB). Holy Bible, New International Version®, NIV® (NIV). New King James Version® (NKJV). *Holy Bible*, New Living Translation (NLT). New Revised Standard Version Bible (NRSV). J. B. Phillips: THE NEW TESTAMENT IN MODERN ENGLISH, Revised Edition (PHILLIPS). *The Living Bible* (TLB).

Catalogação na Publicação (CIP)
(BENITEZ Catalogação Ass. Editorial, MS, Brasil)

L965a Lucado, Max
1.ed. A ajuda está aqui : enfrentando os desafios da vida com o poder do Espírito / Max Lucado ; tradução Vanderlei Ortigoza Júnior. – 1.ed. – Rio de Janeiro : Thomas Nelson Brasil : 2022.
224 p.; 15,5 x 23 cm.

Título original : Help is here: finding fresh strength and purpose in the power of the holy spirit.
ISBN : 978-65-5689-301-3

1. Espírito Santo. 2. Pneumatologia. 3. Vida cristã.
I. Ortigoza Júnior, Vanderlei. II. Título.
08-2022/185 CDD 231.3

Índice para catálogo sistemático:
1. Espírito Santo : Vida espiritual 231.3
Bibliotecária : Aline Graziele Benitez CRB-1/3129

Thomas Nelson Brasil é uma marca licenciada à Vida Melhor Editora LTDA.
Todos os direitos reservados à Vida Melhor Editora LTDA.
Rua da Quitanda, 86, sala 218 – Centro
Rio de Janeiro – RJ – CEP 20091-005
Tel.: (21) 3175-1030
www.thomasnelson.com.br

É o Espírito que dá vida; a carne não serve para nada.
— *Jesus*
(João 6.63, ESV)

É com grande alegria que dedico este livro
ao Dr. Pete Ledoux, filho de nosso Pai bondoso,
apaixonado pelo Espírito e seguidor de Jesus.

Sumário

Agradecimentos

Caro leitor, se ao menos você pudesse conhecer a equipe fenomenal por trás deste livro! São pessoas firmes, criativas e dedicadas. Graças ao trabalho delas, capítulos são completados, capas são projetadas, livros são distribuídos e vidas são tocadas. Se houvesse um Hall da Fama para editores, sem dúvida elas estariam lá.

Liz Heaney e Karen Hill, editoras extraordinárias. Não existe trabalho pior que manter este autor teimoso na linha. Essas duas são peritas em elucidar, destrinchar e corrigir. Coisa que, aliás, elas vêm fazendo há trinta anos!

Carol Bartley. Quantos erros de gramática, citações e outras trapalhices você corrigiu? Carol está para o texto como um dentista está para uma boca repleta de cáries. Obrigado por suas extrações.

David Drury, que, com sua perícia e intelecto, me livrou de muitos erros cruciais. Obrigado por revisar esta obra.

Steve e Cheryl Green, amigos de longa data e servos dedicados.

À equipe de super-heróis da HCCP: Mark Schoenwald, Don Jacobson, Tim Paulson, Mark Glesne, Erica Smith, Janene MacIvor e Laura Minchew.

Greg e Susan Ligon. Se algum dia vocês decidirem concorrer à presidência da República, podem contar com meu voto. Esses dois sabem manter a locomotiva nos trilhos como ninguém mais.

Dave Treat, que mais uma vez se dispôs a apoiar este projeto em oração. Que suas orações mais enlevadas sejam atendidas!

Caroline Green, seja bem-vinda à equipe! Que bênção ter você conosco!

Jana Muntsinger e Pamela McClure, uma dupla que conhece bem o caminho pedregoso da publicidade. Graças a vocês, portas são abertas e a divulgação se espalha.

Joy Pruett, obrigado por sua leitura cuidadosa do manuscrito inicial e por seus comentários valiosos.

Janie Padilla e Margaret Mechinus, sempre calmas e firmes como uma rocha. Obrigado.

Brett, Jenna, Rosie, Max, Andrea, Jeff e Sara. Não existe um pai de família mais orgulhoso que eu.

Denalyn, minha amada, este livro está saindo quase no dia exato de nosso aniversário de quarenta anos de casamento. Quarenta anos! Mais parecem quarenta minutos. Eu te amo, minha querida, e saiba que eu faria tudo de novo.

E a você, caro leitor, que Deus o abençoe! Sinto-me muito honrado por você me conceder alguns minutos de seu tempo. Saiba que é um grande privilégio para mim. Apesar disso, estou bem consciente dos limites de minha compreensão. Meditar a respeito do Espírito é refletir sobre um oceano infinito de beleza, cujas profundezas são incomensuráveis. De acordo com uma observação muito sagaz de Bernard Ramm:

> A respeito do Espírito, há um mistério que não pode ser revelado, uma familiaridade que não pode ser descrita, uma invisibilidade que não pode ser exposta, uma circunspecção que não pode ser escancarada. Por essa razão, todo aquele que se põe a escrever qualquer coisa a respeito do Espírito se sente impotente, inadequado e indigno.[1]

O Espírito desafia nossa compreensão, ao mesmo tempo que nos estimula a buscá-la. Este livro é minha tentativa de fazer justamente isso. Espero que sirva de estímulo a você também.

---

[1] RAMM, B. L. *Rapping about the Spirit.* Waco: Word, 1974, p. 7. A respeito da dificuldade de estudar o Espírito Santo, cf. também ERICKSON, M. J. *Christian Theology*, edição completa em um único volume. Grand Rapids: Baker Books, 1983, p. 846-8.

Prefácio

Imagine que você está saindo de férias. Depois de colocar a bagagem no porta-malas, liga o carro e parte para uma cidadezinha situada entre as montanhas. Ar puro, friozinho, paisagens maravilhosas. Sem dúvida, será uma viagem incrível. Sem contar que o hotel está oferecendo um preço especial que cabe no seu orçamento. Enfim, é chegada a hora de realizar seu grande sonho: fazer uma caminhada pelas montanhas.

No primeiro dia, você é o primeiro a acordar. Nada de ficar enrolando na cama. Mochila nas costas, cantil cheio, entusiasmo nas alturas, um mapa em uma mão e um bastão de caminhada na outra. Agora é partir para a diversão!

Mas a brincadeira durou pouco. A trilha é uma subida danada. As botas que você comprou recentemente não estão amaciadas. Mal começou a andar e você já está se perguntando quem colocou pedras em sua mochila. Mais adiante, você faz uma pausa para recuperar o fôlego. Nesse momento, aparece um grupo animado conduzido por um guia que usa um chapéu de abas largas e fala no tom de voz de quem parece saber o que está dizendo. O guia sabe o nome de cada flor, conhece a história da trilha e dá dicas para que a caminhada seja aproveitada ao máximo.

Nenhum dos integrantes está carregando mochila, portanto andam a passo ligeiro. Ao longo da trilha, o guia chama a atenção para animais e plantas silvestres e faz pausas para responder às perguntas. Você cogita acompanhar o grupo de perto e quem sabe pegar algumas dicas com o guia, mas não pagou para usufruir desse serviço. Além do mais, sequer tem fôlego para acompanhá-los.

Em questão de minutos, o grupo já se distanciou bastante e você está andando a passos cada vez mais lentos, com sua mochila cada vez mais pesada. Alguns quilômetros à frente, você os encontra sentados em um gramado enquanto o guia explica as formações rochosas ao redor. E veja só: estão todos almoçando sanduíche, salgadinho, refrigerante e bolacha recheada. Espera aí, bolacha não, cookies com gotas de chocolate! É um banquete!

E você com seu pão com geleia todo amassado dentro da mochila. Mas que importa isso agora? Seu apetite já era. Você dá meia-volta e refaz o caminho por onde veio. Chega de sofrimento por hoje.

No dia seguinte, seus músculos estão doloridos; os pés, inchados. Depois de gastar quase uma hora e uma caixa inteira de curativos para cobrir as bolhas dos pés, você decide seguir por uma trilha diferente, mas a história é a mesma do dia anterior: o caminho é íngreme, as pernas doem; a mochila, que ontem parecia recheada de pedras, agora parece carregada com blocos de concreto.

E adivinha quem você ouve subindo a trilha atrás de você? Sim, o guia sorridente e seus seguidores bem-dispostos. Você abre caminho para eles passarem. Alguns estão assoviando, outros conversam animadamente. O guia solta uma piada e todos começam a rir. E você ali ao lado, sentindo-se uma mula de carga com artrite.

Alguns quilômetros à frente, você encontra o grupo de novo, todos sentados e saboreando um piquenique enquanto desfrutam a natureza e as explicações do guia. "Ei, turma", exclama o guia, "adivinha o que eu trouxe de sobremesa hoje! Sorvete artesanal!". Você deixa escapar uma imprecação enquanto dá meia-volta e retorna para o hotel, onde passa o restante do dia assistindo à televisão em companhia de seu pão com geleia.

O terceiro e o quarto dia são repetecos dos dias anteriores. No quinto dia, você nem se atreve a pôr o pé para fora do hotel. À tarde, em uma de suas andanças pelo saguão, ouve alguém chamando seu nome. Você se vira e dá de cara com quem?

— Estava procurando você — diz o guia.

— A mim?

— Pensei que faria as trilhas com a gente. Não sei se sabe, mas as caminhadas, os almoços e as explicações estão incluídos no pacote da sua reserva. Você leu o folheto que enviamos?

— Aparentemente, não.

— Pois é. Aqui cuidamos de tudo: levamos as mochilas até o local de descanso para que ninguém precise carregar peso, preparamos lanches caseiros e... bem, é um serviço completo, entende? Eu conheço essa região toda como a palma da minha mão, portanto sou responsável por conduzir a turma até o topo da montanha.

— Sério? Como é que não me dei conta disso?

***

Cada ser humano carrega um fardo. Andamos todos exaustos por causa dos pesos que arrastamos e dos desafios que enfrentamos. Temos perguntas que não sabemos responder; problemas que não sabemos resolver. Tínhamos esperança de que a vida fosse uma caminhada revigorante, uma aventura no alto das montanhas. Jamais imaginamos que nos cansaríamos tão rápido. Em algum momento ao longo de nossa jornada, a fadiga se apoderou de nós.

Mas e se encontrássemos auxílio? Alguém que caminhasse conosco, dividisse nossa carga e nos orientasse? E se esse auxílio viesse do céu? Não em forma de outra pessoa como você e eu, predispostos a bolhas nos pés e câimbra nas pernas, mas alguém sempre firme, incansável e próximo; alguém imune a tudo que nos aflige.

Você se interessa?

Nesse caso, deixe de lado sua caixa de curativos e seu pão com geleia. Chega de bolha nos pés, meu chapa! Prepare-se para conhecer uma trilha muito melhor.

CAPÍTULO 1

SANTO QUEM?

Sequer ouvimos que existe um Espírito Santo.
(Atos 19.2, ESV)

E agora eu enviarei sobre vocês o Espírito Santo, conforme meu Pai prometeu. Aguardem antes de começar a falar a outros. Permaneçam aqui na cidade até o Espírito Santo vir e revestir vocês de poder do céu.
(Lucas 24.49, TLB)

Comecei a frequentar a igreja na infância. Cheio de entusiasmo e disposição para conquistar montanhas, eu mal havia completado dois dígitos de idade e já estava lendo a Bíblia, memorizando versículos e me esforçando ao máximo para cumprir cada mandamento que ouvia do púlpito. Coloquei a mochila da vida cristã nas costas e parti para escalar os grandes cimos da moralidade, espiritualidade e devoção.

Sempre diga a verdade.

Jamais esmoreça na fé.

Ore mais.

Faça mais.

Creia mais.

E, acredite, eu tentei. Mas, nossa, como a trilha ficou íngreme! A pressão da sociedade, a fúria dos hormônios e o peso da culpa conspiraram para me convencer de que jamais conseguiria. Seria possível um adolescente de 15 anos sofrer de esgotamento espiritual? Pois foi o que aconteceu comigo.

Talvez você também tenha passado por isso. O fogo do seu coração se transformou em um punhado de brasas moribundas. Você observa ao redor e não vê nenhuma lenha por perto. E olha que não é por falta de buscar. O Senhor bem sabe que você tentou — ou você espera que ele saiba. Você se dispôs a defender e a fazer tudo que sabia ser bom e correto. Então, de onde vem esse vento gelado que agora bate em seu rosto? Por que a luta ficou tão difícil? Por que o céu escureceu? De onde vem esse sentimento de vazio? Tem alguma coisa errada. Você sente que sua vida está definhando, esvaindo-se lentamente a cada dia que passa.

Se essa é a sua situação, podemos conversar? Posso começar falando a respeito desse sentimento? Sim, Deus está ciente e se importa. Ele não deseja que você se arraste pela vida. Ele tem algo — ou melhor, alguém — que você precisa conhecer.

Não me lembro de ter ouvido a respeito desse poder, mas não culpo ninguém por isso. Afinal, eu tinha minha própria Bíblia. Entretanto, se você me pedisse para explicar quem é o Espírito Santo, eu simplesmente daria de ombros e diria: "Santo quem?".

Pergunte por aí quem é Deus, o Pai, e a resposta virá na hora. Pergunte quem é Deus, o Filho, e a maioria saberá responder. Mas, se quiser ver alguém coçar a cabeça e fazer cara de interrogação, pergunte quem é o Espírito Santo.

Parte da dificuldade está na terminologia. A imagem de Deus como *Pai* é compreensível. A de Jesus como *Filho* também. Mas Deus como *Espírito*? A palavra em si é mística.

Lembro-me de ter tido um encontro com ele em minha juventude.[1] Em meio à correria do último ano do Ensino Fundamental, uma coisa extraordinária aconteceu em minha cidadezinha, no oeste do Texas. Um evangelista vindo de uma terra distante

---

[1] O Espírito Santo é ele ou ela? Nenhum dos dois, pois o Espírito Santo não tem forma humana. Não é possível atribuir gênero masculino ou feminino ao Espírito. Em hebraico, a palavra *espírito* é masculina e feminina ao mesmo tempo. Em grego, é neutra. Somente no latim o termo adquire conotação masculina. Muitos autores consideram melhor evitar esse tipo de definição e simplesmente se referir ao Espírito como "Espírito". Todavia, para facilitar a fluência do texto, e acompanhando o exemplo de Jesus em João 14—16, utilizei o pronome "ele" para me referir ao Espírito (inicialmente, tentei revezar entre "ele" e "ela", porém essa abordagem acabou se mostrando muito dissonante). Entretanto, apenas para deixar bem claro, o Espírito está muito além de nossas definições de gênero. Peço ao leitor que tenha isso em mente e peço ao Espírito que chame nossa atenção para essa verdade quando necessário.

chamada Califórnia apareceu dirigindo um ônibus escolar mais colorido que um jardim florido. Esse evangelista era adepto do Movimento de Jesus, manifestação que varreu os Estados Unidos no começo da década de 1970. Cabelo comprido e calça jeans boca de sino, o sujeito parou o ônibus no estacionamento da escola e começou a pregar a respeito de Jesus e do poder do Espírito. A essa altura, eu já havia abandonado a trilha íngreme da montanha espiritual. O único espírito que eu conhecia era meu espírito de porco, depois de entornar uma garrafa de uísque. Aquele pregador *hippie* nos convidou para participar de um dos grupos de estudo bíblico que se reuniam em algumas casas, e eu aceitei.

O endereço que recebi me levou a uma casa *trailer* bem longe da cidade. Embora não conhecesse nenhum dos participantes, fui muito bem-recebido. Sentamo-nos no chão e começamos a ler o livro de Atos. Foi então que, pela primeira vez em minha vida, ouvi falar a respeito da atuação do Espírito Santo. Não me lembro das palavras exatas, mas o sentimento ainda está bem vivo em minha mente: o Espírito é seu grande amigo e conduzirá você até seu lar.

Chegada a hora da oração, duas pessoas começaram a orar em uma língua que jamais ouvi e me perguntaram se gostaria de orar daquela forma. Respondi que sim e comecei a orar, mas nada aconteceu. Apesar disso, fiquei muito impressionado. Aquelas pessoas não pareciam trilheiros exaustos, mas pessoas cheias de vigor. Os olhos delas brilhavam quando falavam do Espírito.

O Espírito é seu grande amigo e conduzirá você até seu lar.

Talvez você esperasse aqui uma reviravolta dramática em minha história, uma grande luz na estrada para Damasco, um Saulo se transformando em Paulo, mas infelizmente não vi nenhuma luz brilhante, tampouco me tornei apóstolo ou escrevi epístolas. Ao contrário, retornei convencido de que não tinha qualificação alguma para caminhar com o Espírito, a ponto de sequer me atrever a tentar.

Vivi por mais alguns anos como filho pródigo. A pocilga era meu endereço fixo; os porcos, minha família. Pior, continuei me considerando cristão enquanto caía nas baladas de sábado à noite e comparecia à igreja aos domingos de manhã. Tornei-me um daqueles hipócritas que afastam outros de Cristo.

Aos vinte e poucos anos, um grande homem, que eventualmente se tornou um grande amigo, me ajudou a crer que a graça de Deus era maior que minha rebelião. Diante do altar de uma igreja, ajoelhei-me confiante na misericórdia divina e decidi retomar a trilha. O perdão passou a ser minha mensagem, minha história de vida. Mudei de carreira, cursei o seminário e colaborei com igrejas em Miami e no Rio de Janeiro, até me fixar como pastor em San Antonio, no Texas.

E, apesar disso tudo, voltei a perder o rumo.

Se você acha que a caminhada cristã é difícil para os mais jovens, nem queira saber a dificuldade que é para um pastor. Eu havia decidido estudar com afinco, aconselhar com sabedoria, resolver todo tipo de problema e até agradar aqueles membros mais mal-humorados. Consegui manter essa postura de vencedor por três ou quatro anos, porém, em algum momento dos meus trinta e poucos anos, minha energia acabou. De repente, já não conseguia mais dormir. Como é possível perder a capacidade de dormir? Eu me deitava na cama e ouvia a respiração calma da minha esposa. Pensava em minhas três filhas cochilando no quarto ao lado. Pensava em meus amigos e colaboradores, todos dormindo o sono dos justos. Nosso cachorro dormia. Até nosso peixinho dourado dormia.

E quanto a mim? Minha mente rodava a mil por hora, uma Ferrari correndo contra o relógio. Eu fazia listas mentais dos membros com quem tinha de conversar e das decisões a tomar. Não era raro começar minha pregação matinal de domingo sem ter pregado o olho na noite anterior. Eu estava desesperado.

Será que foi nessa época que encontrei o Espírito Santo? Mais ou menos. Mais correto seria dizer que o Espírito Santo me encontrou.

Quando batia a insônia, eu me levantava, descia as escadas, me ajoelhava no sofá da sala e começara a orar. Já não era mais Max, o pastor, mas um farrapo humano, triste e abatido. Já não era mais Max, o ministro da igreja, mas um maltrapilho de pijama todo amassado, um discípulo totalmente esgotado e confuso.

Minhas orações eram só grunhidos. Minha fé não passava de um barbante queimado, quase partido. Eu não tinha energia sequer para fingir. Eu simplesmente orava com honestidade diante de Deus. E, veja só, descobri que Deus tem uma quedinha por orações honestas.

Aos poucos, comecei a perceber a presença do Espírito. Ele guia com ternura e se manifesta por meio de sussurros. Muito misterioso? Sim, com certeza. Seria apenas minha imaginação me pregando uma peça? Não, de modo nenhum.

Pedi forças e ele me concedeu. Pedi que curasse pessoas enfermas e ele o fez, mais de uma vez. Pedi vitalidade e alegria e ele me concedeu ambas. O longo inverno se transformou em uma bem-vinda primavera.

Certa vez, eu preparava um sermão quando deparei com as palavras que Jesus usou para descrever o Espírito Santo: *consolador* e *amigo*. Lembro-me de ter tido uma compreensão maravilhosa: “Ei, eu conheço essa pessoa”.

Tudo isso aconteceu três décadas atrás. Desde então, parei de pensar no Espírito Santo como “Santo quem?” e comecei a enxergá-lo como nosso Auxiliador Celestial, o grande aliado dos cristãos, nosso campeão, advogado e guia, aquele que nos consola e nos orienta, que habita conosco, nos transforma e nos sustém, e futuramente nos levará para nosso lar celestial.[2]

Ele é o cumpridor da vontade de Deus na terra hoje. Ele está aqui para nos encher de força. Força sobrenatural. Não foi isso que Jesus prometeu? Ora, Jesus jamais deixaria que seus seguidores iniciassem o ministério sem antes conhecerem o Espírito Santo. "Aguardem antes de começar a falar a outros. Permaneçam aqui na cidade até o Espírito Santo vir e revestir vocês de poder do céu" (Lucas 24.49, TLB).

A essa altura, os discípulos contavam três anos de treinamento. Haviam sentado com Jesus ao redor da fogueira, andado com ele por várias cidades e testemunhado curas e expulsões de demônios. Conheciam os alimentos preferidos de Jesus, as piadas de que ele mais gostava e os lugares que mais frequentava. Apesar disso, não estavam prontos. Testemunharam o túmulo vazio, tocaram o corpo ressurreto de Jesus e passaram quarenta dias ouvindo seus ensinamentos a respeito do reino. Mas isso não era suficiente.

"Vocês receberão poder quando o Espírito Santo vier sobre vocês, e serão minhas testemunhas em Jerusalém, em toda a Judeia e Samaria e até os confins da terra" (Atos 1.8, NKJV).

Anote aí: o Espírito Santo tem poder. Poder para tomarmos boas decisões, cumprirmos nossas promessas e silenciarmos as vozes do medo e do fracasso. Poder para nos levantarmos da cama, cumprirmos nossa rotina e nos engajarmos com as coisas certas do jeito certo. Poder para enfrentarmos situações

---

[2] Consola (Atos 9.31), instrui (Atos 13.2,4; 15.28; 21.11), habita, transforma, sustenta e futuramente nos levará para nosso lar celestial (Romanos 14.17; 15.13; 1Coríntios 12.3; 2Coríntios 3.17-18; Judas 20-21).

inesperadas e indesejáveis. Poder. É o que Jesus nos prometeu e continua prometendo.[3]

Como anda seu medidor de energia?

Talvez você já tenha toda energia de que precisa. Talvez sua vida seja uma caminhada agradável em meio a uma enorme campina verdejante. Você dispõe de muita energia, entusiasmo e vigor. Seus passos são ligeiros e joviais. Quando fala, sua voz é quase uma melodia. Você está sempre alegre e bem-disposto.

Se o parágrafo acima se aplica a você, posso recomendar um livro sobre honestidade? Caso contrário, considere a possibilidade de buscar um relacionamento vivificante com o Espírito Santo.

Chega de caminhar sozinho. Chega de arrastar pesos que ninguém tinha a intenção de que você carregasse. É hora de desfrutar a presença do Espírito Santo e de experimentar a vida abundante que ele oferece.

A Bíblia traz mais de uma centena de referências ao Espírito Santo. Jesus falou mais a respeito do Espírito que de igreja, casamento, finanças e do porvir. Qual a razão para essa ênfase no Espírito? Deus não deseja ver filhos estressados, exaustos, abatidos e desanimados como representantes dele perante o mundo. Antes, deseja que sejamos renovados todos os dias, a todo momento.

Entretanto, muita calma nessa hora! Falar a respeito do Espírito Santo parece provocar extremismos em nosso meio. Por um lado, temos os exibicionistas, aqueles que nos fazem sentir-nos menos espirituais em razão da aparência de superioridade espiritual que demonstram. Parecem andar de mãos dadas com o Espírito e desfrutar de passe livre nos bastidores espirituais.

---

3 Em inglês, a palavra *power* se refere tanto a poder como a energia. Aqui, Max Lucado quer dizer que Deus nos dá o poder — no sentido de potência, de conseguir realizar — e a energia — no sentido de vigor — para enfrentarmos os percalços da vida. Por isso, há uma alternância das duas palavras de acordo com o contexto. [N.E.]

Esforçam-se para chamar a atenção para seus dons de cura e de falar em línguas. O ministério deles é colocar os outros em posição de inferioridade espiritual. Resumindo, o negócio deles é se mostrar.

No extremo oposto, temos a patrulha do Espírito. São aqueles que desferem bordoadas em tudo que parece descontrolado ou fora de lugar. São fiscais autonomeados para assuntos sobrenaturais. Se algum acontecimento não pode ser explicado, simplesmente o rejeitam.

> Deus não deseja ver filhos estressados, exaustos, abatidos e desanimados como representantes dele perante o mundo. Antes, deseja que sejamos renovados todos os dias, a todo momento.

Em algum lugar entre um extremo e outro, encontramos o cristão saudável, isto é, aquele que tem o coração como de uma criança, que tem grande apreço pela Escritura, que está disposto a receber força renovada e que observa tudo com cuidado e discernimento. Em outras palavras, aquele que se esforça para seguir o Espírito. Com esse objetivo em mente, esse cristão se apega com toda força à promessa final de Jesus: "Vocês receberão poder quando o Espírito Santo vier sobre vocês" (Atos 1.8, NKJV).

Você tem o desejo de conhecer o Espírito Santo e de cultivar um relacionamento com ele? Nesse caso, você e eu estamos caminhando na mesma trilha.

A Escritura emprega mais de uma dúzia de metáforas para descrever a atuação do Espírito. Na verdade, é um testemunho à grandeza do Espírito o fato de uma única metáfora não ser suficiente.

Gostaria de conhecer a empolgação de seguir Jesus? O Espírito Santo é o *mestre* supremo (João 14.26). Está com dificuldade para obedecer aos mandamentos de Deus? O Espírito é o *vento* de Deus (João 3.8). Suas orações parecem fracas? O Espírito é nosso *intercessor* (Romanos 8.26). Não tem certeza da salvação? O Espírito é o *selo divino* sobre o cristão (Efésios 1.13). O Espírito é a *pomba da paz* que nos acalma, o *doador de dons* que nos capacita, o *rio de água viva* que flui de nosso interior para saciar o mundo (Mateus 3.16; 1Coríntios 12.1-11; João 7.37-39).

A lista é longa. Nas páginas seguintes, nos debruçaremos sobre os benefícios fabulosos da presença divina. Não importa se você está buscando o Espírito pela primeira ou pela enésima vez. Deus deseja que você receba a força revigorante do Espírito Santo.

Algum tempo atrás, eu estava dirigindo por aí quando notei o tanque de combustível quase vazio. A luz indicadora no painel informava que eu tinha menos de vinte quilômetros para rodar. Parei no próximo posto que encontrei, estacionei o carro em frente à bomba, passei o cartão de crédito e encaixei o bocal da mangueira no tanque. Enquanto isso, fui fazer o que a maioria das pessoas faz em ocasiões como essa: entrei na loja de conveniência para pegar um refrigerante, troquei uma ideia com o atendente e cogitei comprar um cachorro-quente (coisa que acabei desistindo de fazer depois de refletir um pouco a respeito de como é feita a salsicha). Voltei para o carro, esvaziei o porta-lixo, joguei uma água para limpar o para-brisa, recoloquei o bocal na bomba, entrei no carro e peguei a estrada. Mal comecei a rodar quando

O Espírito é a *pomba da paz* que nos acalma, o *doador de dons* que nos capacita, o *rio de água viva* que flui de nosso interior para saciar o mundo.

percebi a luz indicadora de combustível ainda ligada. O mostrador continuava na mesma posição!

É possível que o bocal da bomba estivesse com defeito, mas, conhecendo minha falta de atenção, era bem provável que eu tivesse esquecido de apertar o gatilho.

Fiz tudo o que tinha de fazer, exceto o mais importante.

Isso descreve sua vida? Você também sente como se tivesse se esquecido de fazer o mais importante? Você tem negligenciado o Espírito Santo?

O Espírito de Deus deseja conceder a você um poder grandioso. O Espírito guiará, ensinará e fortalecerá você. Ele o ajudará a carregar aquele fardo pesado que jamais foi feito para que você carregasse.

A vida está cheia de problemas, mas essas dificuldades não precisam definir quem você é. A ajuda está aqui.

CAPÍTULO 2

VENHA COMIGO

O Espírito como mestre

Ele ensinará a vocês todas as coisas e fará com que se lembrem de tudo o que eu disse a vocês.
(João 14.26, NKJV)

Não consigo recordar o nome do sujeito. Marco? Flávio? Luigi? Sei apenas que era um nome italiano, pois ele era italiano. Lembro-me de que tinha uma compleição mediterrânea: cabelo escuro, pele morena e um enorme sorriso no rosto; vestia calças folgadas, uma camisa de seda e um par de mocassins. Clássico. Até aí, estamos falando de um italiano.

O cara havia estudado História na faculdade e ganhava a vida como guia turístico em Roma. Certa vez, minha família teve a oportunidade de viajar para lá e recebeu o nome dele por indicação do amigo de um amigo de outro amigo. Quando nos encontramos, ele quis saber o que gostaríamos de visitar. As catacumbas? O Coliseu? A estátua de César?

Obviamente, tínhamos muito interesse em tudo isso, porém, no topo de minha lista, meu *numero uno*, estava a Capela Sistina. Os olhos dele brilharam. Conhece aquele gesto italiano clássico de beijar a ponta dos dedos em sinal de delícia? Pois ele fez esse gesto e acrescentou: "A Capela Sistina. Deixa comigo".

O sujeito conhecia tudo: a rota mais curta para o Vaticano, as filas mais curtas para entrar, os nomes dos guardas no portão. Durante o trajeto, ele falou o tempo todo a respeito da capela: a história de Michelangelo, os andaimes e, por fim, a pintura do teto que mudou para sempre a maneira como apreciamos arte no Ocidente.

Ele andava rápido e falava mais rápido ainda. Quando, finalmente, chegamos, fiquei imaginando se a capela era tudo aquilo mesmo. Era, sim, sem dúvida alguma. Ficamos contemplando o teto, todo mundo de pescoço torto. Depois de algum tempo, olhei para o guia. Ele estava sorrindo. E mais: parecia muito emocionado com nossa empolgação. Em seu rosto, observei uma expressão estilo "eu te disse". Depois de algum tempo calado, ele se aproximou de mim e, com a voz baixa, em tom apropriado para lugares como aquele, começou a apontar detalhes que eu jamais perceberia caso não me mostrasse. Também me levou para pontos diferentes a fim de observarmos a pintura por outro ângulo. Ele até começou a se expressar em italiano, porém sua empolgação me impediu de solicitar que traduzisse.

Aquele homem mudou meu modo de enxergar a capela. Eu a havia admirado de longe, a distância. Naquele dia, porém, me emocionei em conhecê-la pessoalmente.

Não seria fantástico se alguém pudesse apresentar a história de Jesus da mesma forma que esse italiano me apresentou a capela?

Se ao menos tivéssemos um especialista para nos ensinar... Alguém que conhecesse Cristo como nosso guia conhecia a Capela Sistina. Alguém capaz de revelar Jesus para nós, de chamar nossa atenção para ele. Alguém cujo trabalho é suscitar empolgação pelo Salvador.

Esse alguém está vivo e presente. Não me lembro do nome daquele guia, mas Jesus fez tudo para garantir que nos lembrássemos do nome do auxiliador que nos enviou. Jesus se referiu a esse auxiliador como *Paracleto*, termo que ocorre apenas cinco vezes na Bíblia, quatro delas mencionadas por Jesus na noite de sua crucificação.[1]

---

[1] A quinta ocorrência aparece em 1João 2.1.

> Eu pedirei ao Pai, e ele lhes dará outro Auxiliador [*Paracleto*] para estar com vocês para sempre, inclusive o Espírito da verdade, a quem o mundo não pode receber, pois não o vê nem o conhece. Mas vocês o conhecem, pois ele habita com vocês e estará em vocês. [...] O Auxiliador [*Paracleto*] [...] que o Pai enviará em meu nome, ele ensinará a vocês todas as coisas e fará com que se lembrem de tudo o que eu disse a vocês. [...]
>
> Quando vier o Auxiliador [*Paracleto*], o qual enviarei a vocês da parte do Pai, o Espírito da verdade, que procede do Pai, ele testemunhará a respeito de mim. [...]
>
> [É] melhor para vocês que eu vá, pois, se eu não for, o Auxiliador [*Paracleto*] não virá até vocês. Mas, se eu for, eu o enviarei a vocês. E, quando ele vier, convencerá o mundo a respeito do pecado e do julgamento. [...] Quando o Espírito da verdade vier, conduzirá vocês a toda a verdade, pois não falará por sua própria autoridade, mas dirá tudo que ouvir e anunciará a vocês as coisas que estão para acontecer. Ele me glorificará, pois tomará do que é meu e o declarará a vocês. (João 14.16-17,26; 15.26; 16.7-8,13-14)

Muita coisa merece atenção nessa passagem.

Observe a harmonia da Trindade. O Filho pedirá ao Pai e o Pai enviará o Espírito. Há uma cooperação virtuosa aqui. A ideia é que o céu inteiro manda auxílio para os discípulos de Jesus.

Observe também o uso do pronome pessoal. Jesus não deseja que enxerguemos o Espírito Santo como uma coisa. O Espírito é uma pessoa. E, como pessoa, tem intelecto, emoções e vontade: o Espírito fala às igrejas (Apocalipse 2.7), intercede pelos cristãos (Romanos 8.26), orienta e dá ordens aos discípulos (Atos 8.29; 16.6-7), nomeia pastores (Atos 20.28), sonda todas as coisas (1Coríntios 2.10), conhece a mente de Deus (1Coríntios 2.11), ensina o conteúdo do evangelho aos cristãos (1Coríntios 2.13), habita no meio e no coração dos que creem (2Coríntios 3.6), se exprime em nosso coração (Gálatas 4.6), nos guia no caminho de Deus (Gálatas 5.18), nos auxilia em nossa fraqueza (Romanos 8.26), opera todas as coisas para o nosso bem (Romanos 8.28) e nos fortalece (Efésios 3.16). Além disso, é possível mentir para ele (Atos 5.3-4), entristecê-lo (Efésios 4.30), insultá-lo (Hebreus 10.29) e blasfemar contra ele (Mateus 12.31-32).

Essas coisas causariam surpresa em muita gente. De acordo com uma pesquisa,[2] apenas quatro dentre dez estadunidenses creem que o Espírito é uma pessoa divina. O restante dos pesquisados não tem uma opinião formada ou acredita que o Espírito se parece mais com uma espécie de onda de energia que com um ser divino que nos ensina e nos fortalece. Lamentável. Como fazer amizade com a eletricidade?

Gostaria de convidar o leitor a se comprometer, a partir de hoje, a jamais se referir ao Espírito como uma coisa. O Espírito é uma pessoa, e Jesus se referiu a ele como *Paracleto*.

As versões bíblicas utilizam termos diversos para traduzir essa palavra grega, ainda que com significados semelhantes. Por exemplo: "Consolador" (KJV), "Conselheiro" (ESV), "Advogado" (NEB), "Intercessor" (NASB, margem). A Bíblia Philips interpreta como "alguém que se coloca ao seu lado". Embora utilizem termos diferentes, a essência da mensagem é a mesma: não estamos sozinhos.

---

2 LIFEWAY RESEARCH. *2018 State of American Theology Study, Research Report*, p. 3. Disponível em: http://lifewayresearch.com/wp-content/uploads/2018/10/Ligonier-State-of-Theology-2018-White-Paper.pdf.

Mas por quê? Seria o Espírito Santo apenas um parceiro divino que nos faz companhia? Verdade seja dita, se fosse só isso, já seria suficiente. Entretanto, o Espírito tem uma missão maior e específica: nos ensinar a respeito de Jesus.

O Espírito tem uma missão maior e específica: nos ensinar a respeito de Jesus.

> [Ele] *ensinará a vocês* todas as coisas e *fará com que se lembrem* de tudo o que eu disse a vocês. [...]
>
> Quando vier o Auxiliador, o qual enviarei a vocês da parte do Pai, o Espírito da verdade, que procede do Pai, *ele testemunhará* a respeito de mim. [...]
>
> [Ele] *convencerá o mundo* [...] Quando o Espírito da verdade vier, *conduzirá vocês a toda a verdade*, pois não falará por sua própria autoridade, mas *dirá tudo o que ouvir e anunciará a vocês as coisas que estão para acontecer*. Ele me glorificará, pois tomará do que é meu e *o declarará a vocês*. (João 14.26; 15.26; 16.8,13-14, grifo nosso)

Quem imaginaria uma coisa dessas! A presença invisível de Deus na terra nos convidando para entrar em sua sala de aula e aprender com ele.

O apóstolo Paulo reforçou esse ponto em uma de suas cartas: "Ninguém jamais viu ou ouviu coisa como essa ou sequer imaginou algo assim: as coisas que Deus preparou para aqueles que o amam. Mas vocês viram e ouviram isso porque Deus, por meio de seu Espírito, expôs tudo perante vocês" (1Coríntios 2.9-10, The Message).

Os incrédulos procuram respostas em filosofias e conhecimentos humanos. Religiões buscam ensinamentos em mestres sepultados: Maomé, Buda, Confúcio. Em contrapartida, os cristãos se apegam a esta promessa maravilhosa e inescrutável: nosso mestre falou e continua falando; ensinou e continua ensinando. A sabedoria dele não está confinada a documentos antigos, mas é parte atuante da grade curricular diária de nosso mentor, o Espírito Santo.

Conforme escreveu Paulo:

> O Espírito, não satisfeito em se mover na superfície, mergulha até as profundezas de Deus e traz à tona o que Deus planejou desde o início. [...] Deus nos expõe tudo sobre os dons da vida e da salvação que ele nos concede. Não precisamos confiar nos palpites nem nas opiniões do mundo. Não aprendemos isso lendo livros nem frequentando a escola; aprendemos de Deus, que nos ensinou pessoalmente por meio de Jesus, e o estamos transmitimos a vocês também pessoalmente, em primeira mão. [...] A pergunta de Isaías: "Existe alguém que conheça o Espírito de Deus, alguém que saiba o que ele está fazendo?" foi respondida: Cristo sabe, e nós temos o Espírito de Cristo. (1Coríntios 2.10,12-13,16, The Message)

Agora temos a quem dirigir nossas perguntas. Não precisamos resolver os enigmas de nossa existência sozinhos. Contamos com um auxiliador, um instrutor divino, que nos livrará dos becos sem saída da confusão e das sinucas de bico da dúvida. Ele faz isso ao nos matricular no curso mais avançado de sua universidade: Jesus Cristo. Leia mais uma vez a mensagem que Jesus entregou no cenáculo:

> O Auxiliador, o Espírito Santo, que o Pai enviará em *meu nome*, ele ensinará a vocês todas as coisas e fará com que se lembrem *de tudo o que eu disse a vocês*. [...]

> Quando vier o Auxiliador, o qual enviarei a vocês da parte do Pai, o Espírito da verdade, que procede do Pai, *ele testemunhará a respeito de mim.* [...]
>
> Quando o Espírito da verdade vier, ele conduzirá vocês a toda a verdade, pois não falará por sua própria autoridade, mas dirá tudo o que ouvir e anunciará a vocês as coisas que estão para acontecer. *Ele me glorificará, pois tomará do que é meu e o declarará a vocês.* (João 14.26; 15.26; 16.13-14, grifo nosso)

O principal objetivo do Espírito é nos conduzir até a Capela Sistina de Jesus e ficar nos observando enquanto arregalamos os olhos, de queixo caído. Ele encantará você com a manjedoura, fortalecerá você com a cruz e encorajará você com o sepulcro vazio. O Espírito contagiará você com o amor que ele tem pelo Salvador. O Espírito é fascinado por Jesus. J. I. Packer destaca isso de maneira belíssima ao dizer:

> É como se o Espírito ficasse atrás de nós, sobre nossos ombros, jogando luz sobre Jesus, que está diante de nós. A mensagem do Espírito para nós não é: "Ei, olhe para mim, ouça-me, venha até mim, conheça-me", mas: "Olhe para *ele*, veja a glória *dele*, ouça a palavra dele, vá até *ele* e tenha vida, conheça-*o* e desfrute da alegria e da paz que ele oferece".[3]

Conforme Jesus profetizou, "[O Espírito] me glorificará, pois tomará do que é meu e o declarará a vocês" (João 16.14).

Um exemplo clássico dessa verdade transparece no encontro de Pedro, judeu devoto, com Cornélio, gentio temente a Deus.

---

[3] PACKER, J. I. *Keep in step with the Spirit*: finding fullness in our walk with God. Ed. rev. Grand Rapids: Baker Books, 2005, p. 57, grifo do original.

Esse encontro, que ocorreu vários anos depois da ascensão de Jesus, foi uma surpresa total para Pedro, uma vez que os judeus não se misturavam com os gentios, especialmente com aqueles que serviam ao exército romano. Cornélio, por sua vez, era um intruso, um *outsider* que não conhecia a Torá nem descendia de Abraão. Antes, vestia-se como romano e alimentava-se como romano (com certeza, era chegado num porquinho grelhado). Um incircunciso, portanto um impuro. Olhe para ele.

> Temos um auxiliador, um instrutor divino que nos livrará dos becos sem saída da confusão e das sinucas de bico da dúvida. Ele faz isso ao nos matricular no curso mais avançado de sua universidade: Jesus Cristo.

Olhe para ele de novo. Era bondoso e devoto, alguém "que temia a Deus, incluindo todas as pessoas da sua casa, que doava com generosidade ao povo e sempre orava a Deus" (Atos 10.2, NKJV). Até os anjos conheciam Cornélio, pois um deles o instruiu a contatar Pedro, que naquela ocasião estava hospedado na cidade litorânea de Jope, distante aproximadamente quarenta quilômetros. Cornélio imediatamente enviou três mensageiros para buscar Pedro, porém o apóstolo não se dispôs a ir com eles.

Entretanto, "o Espírito lhe disse: 'Simão, três homens estão procurando você. Portanto, levante-se, desça e vá com eles, sem nada duvidar, pois eu os enviei'" (Atos 10.19-20, NKJV).

E assim o Espírito abriu as portas do evangelho para acolher não apenas os judeus, mas o mundo inteiro. Pedro já sabia que Jesus amava os gentios. Afinal, havia acompanhado Jesus por três anos. Não obstante, precisava se lembrar disso. Foi exatamente o que o Espírito fez. "Ele ensinará a vocês todas as coisas e fará com que se lembrem de tudo o que eu disse a vocês" (João 14.26, NKJV). "Fará com que se lembrem" pode ter o sentido de "tornará contemporâneo".[4] O Espírito faz mais que repetir as palavras de Jesus: também as torna relevantes, esclarecendo o significado delas para o contexto em que vivemos.

Lembro-me de um episódio no início de meu ministério em que o convite de Jesus para os cansados se tornou um convite de Jesus para Max. Eu deveria estar preparando um sermão, mas não conseguia me concentrar. Estava em uma situação de extrema fadiga, conforme descrevi no capítulo anterior: insônia, dúvidas e muitos prazos para cumprir. Minha impressão era que eu tinha de resolver os problemas do mundo inteiro, carregar o fardo de todos, e tudo isso sem jamais me cansar. Depois de algum tempo sentado à escrivaninha, levantei-me e sentei-me no sofá de visitas, abaixei a cabeça e exalei um forte suspiro de cansaço. Nesse momento, veio à minha mente uma passagem bíblica: "Venham a mim todos os cansados e sobrecarregados e darei a vocês descanso" (Mateus 11.28, NASB).

O que mais me chamou a atenção nesse versículo foi a expressão "a mim". Até então, eu vinha buscando auxílio em muitas coisas e pessoas, exceto em Jesus. Aquelas palavras grafadas em tinta e papel se transformaram em bálsamo para minha alma.

Por que me veio à mente essa passagem? Muito simples: foi o Espírito Santo, meu mestre, que me fez recordá-la. E o Espírito de Cristo fará isso por você também, caro leitor.

> E quando o Espírito sussurra em nossos ouvidos [...] e nos conscientiza de que Jesus existe e de que seu convite é

---

4 BRUNER, F. D. *The Gospel of John: a commentary*. Grand Rapids: Eerdmans, 2012, p. 867.

> verdadeiro, está cumprindo um ministério adicional, um ministério de *casamenteiro*, por meio do qual nos urge, nos chama, nos induz e nos persuade a nos entregarmos ao Senhor Jesus, a dizermos "sim" ao seu convite, a virmos até ele e fazermos dele, por meio da fé, nosso Salvador, nosso Senhor, nosso amigo e nosso rei.[5]

Que coisa magnífica! O Espírito (a mesma pessoa que participou da criação, esteve envolvido na encarnação, foi a força motriz da ressurreição e o grande poder por trás da revelação final) é seu professor particular e revelará coisas novas e grandiosas para você.

Outro dia, ao chegar em casa, encontrei minha esposa, Denalyn, sentada no chão, brincando com nossos dois netos. Ela havia comprado meia dúzia de carrinhos de brinquedo coloridos. Quando entrei na sala, ela estava começando a desembrulhar o presente. Rose e Max estavam muito empolgados, exatamente o que se espera de uma menina de quatro anos e de um menino de quase dois. Rose já sabia como brincar. Ela percebeu que eram carrinhos de fricção e rapidamente começou a tracionar para frente e para trás até acumular energia suficiente para soltá-los livres pelo chão.

Em contrapartida, Max não conhecia aquele brinquedo. Era novidade para ele. Denalyn estava muito empolgada com a perspectiva de gerar empolgação nele. Sentada no chão, ela ensinava Max a empurrar o carrinho para frente e para trás, e, quando o carrinho zarpou com toda força, Max explodiu em risada e alegria. Toda vez que ele ria, Denalyn ria duas vezes mais alto. Ela estava encantada com o encantamento dele.

---

5 PACKER, *Keep in Step*, p. 212-3.

O Paracleto deseja fazer a mesma coisa em você. Ele será uma Denalyn em sua vida. A pergunta, portanto, é: você se tornará um Max para ele? Meu neto é um exemplo do tipo de atitude que precisamos ter: um espírito pueril, isto é, muita fome de aprender e disposição para seguir. A humildade é o solo no qual o fruto do Espírito se desenvolve.

Convide-o para participar de seu mundo. Que seu dia comece com "Bom dia, Espírito Santo"! Coloque como seu objetivo andar com o Espírito por meio da entrega diária de todos os detalhes de sua vida nas mãos dele. "Uma vez que vivemos pelo Espírito, caminhemos também com o Espírito" (Gálatas 5.25, NIV). Que estas orações estejam sempre vivas em sua mente: "O que o Senhor está querendo me ensinar neste momento?", "Senhor, o que devo fazer diante desse problema?", "Por favor, Senhor, que caminho devo tomar?". Em seguida, faça uma pausa e preste atenção. Incline os ouvidos na direção do Espírito.

A humildade é o solo no qual o fruto do Espírito se desenvolve.

Certa vez, participei de uma partida de golfe que incluía o serviço de um *caddie*. Foi muito bacana. Além de carregar a bolsa de tacos, o *caddie* se ofereceu para me ensinar a jogar. Conforme nos dirigíamos para a raia do primeiro buraco, ele me disse:

— Mostrarei a você onde acertar a bola e que taco usar.

— Como você sabe essas coisas? — perguntei.

— Faz vinte anos que trabalho como *caddie* aqui.

Parei e olhei para ele.

— Vinte anos? De quantas partidas de golfe você já participou?

Ele olhou para cima como quem faz uma conta de cabeça.

— Umas dez mil.

Dez mil partidas! O cara conhecia cada folha de grama pelo nome, cada marca do gramado, cada ondulação do terreno.

— Tem alguma coisa nesse campo de golfe que você não conheça? — perguntei.

— Absolutamente nada. Eu poderia jogar aqui de olhos fechados.

Fiz uma porção de perguntas para ele. Quão longe eu deveria atirar a bola em determinada tacada? Ele me respondeu. Será que esse *putting* vai rolar rápido demais? Ele me respondeu. Seria melhor eu desistir do golfe e me dedicar ao boliche? Ele me respondeu, mas apenas porque perguntei a ele. Seria muita insensatez de minha parte não o consultar a respeito dessas questões.

Deixar de consultar o Espírito de Deus também é insensatez. Afinal, ele está aqui para nos ensinar. É nosso privilégio conversar com ele e estar atento às suas instruções, todos os dias, a todo momento.

Siga-o até a Capela Sistina de Jesus Cristo. Ouça quando nosso guia divino sussurrar maravilhas em seu ouvido. Esteja certo de que o Espírito sorri quando você sorri. Afinal, ele é seu mestre.

CAPÍTULO 3

IÇANDO AS VELAS

O Espírito como vento

Envia o teu Espírito e uma nova vida surge para suprir os viventes de toda a terra.
(Salmos 104.30, TLB)

Não por força nem por poder, mas pelo meu Espírito, diz o SENHOR *dos exércitos.*
(Zacarias 4.6, ESV)

Katie Spotz e Laura Dekker têm muito em comum. Ambas são atletas de enduro, ambas têm barco e ambas foram manchetes de noticiário depois de completar suas respectivas viagens solo: Katie atravessou o Atlântico, Laura deu a volta ao mundo. Apesar dessas semelhanças, existe uma diferença gritante: uma usou um barco a remo; a outra, um barco à vela.

Katie, aos 23 anos, zarpou a remo da África até a América do Sul. Foram setenta dias, cinco horas e vinte e dois minutos para percorrer 4.507 quilômetros. Seu barco amarelo fabricado em madeira foi construído para suportar furacões e ondas de até 20 metros. Ela não enfrentou nenhum furacão, porém as ondas a deixaram acordada durante muitas noites. Em seu barco, havia meio milhão de calorias distribuídas em refeições congeladas, granola e frutas secas. Katie remava de oito a dez horas por dia e suas mãos voltaram cheias de calos.[1]

Laura Dekker, em contrapartida, recorreu ao poder do vento. Em 2012, tornou-se a mulher mais jovem a circum-navegar o globo em uma viagem solo. Seu barco, chamado *Guppy*, era uma embarcação à vela de 13 metros de comprimento com dois mastros. Laura também enfrentou alguns percalços. Um juiz da

---

1 "Katie Spotz", *Wikipedia*. Disponível em: https://en.wikipedia.org/wiki/Katie_Spotz; MAAG, C. "Woman is the youngest to cross an ocean alone", *New York Times*, 14 mar. 2010. Disponível em: https://www.nytimes.com/2010/03/15/sports/15row.html.

Holanda, país em que ela nasceu, tentou impedi-la de fazer a viagem. Finalmente no mar, ela teve de se esquivar de corais e enfrentar várias tempestades. Apesar disso, alcançou seu destino final um ano e cinco meses depois.[2]

Não tenho a menor intenção de imitá-las. Velejar sozinho em alto-mar por meses a fio? É melhor um tratamento de canal sem anestesia. Apesar disso, se me forçassem a escolher entre remar e velejar, eu sei exatamente o que escolheria.

E você, o que escolheria? Qual desses dois barcos representa sua vida espiritual? O barco a remo ou o barco à vela?

Essa é uma pergunta importante, pois a vida está repleta de tempestades.

Eis o que Deus nos diz para fazer:

ajudar os pobres;
consolar os confusos;
dizer a verdade;
perdoar os cafajestes;
orar a todo momento;
servir em abnegação;
ter uma vida íntegra.

Também somos chamados a ser:

bons administradores de nossas finanças;
bons companheiros para nosso cônjuge;
bons cidadãos em sociedade;
bons cuidadores do meio ambiente; e
bons empregados em nosso trabalho.

---

2 "Laura Dekker", *Wikipedia*. Disponível em: https://en.wikipedia.org/wiki/Laura_Dekker.

Além disso, Deus nos desafia a:

buscar nossos dons e utilizá-los;
buscar e acolher o perdido;
buscar os pródigos e abençoá-los;
buscar os confusos e aconselhá-los; e
controlar nosso temperamento, lascívia, cobiça, arrogância, língua, preguiça, desejos e murmurações.

Coisa de louco, não? É mais fácil esvaziar o oceano com uma colher de chá que cumprir metade dessa lista. Mudar o mundo? Como, se, na maior parte do tempo, sequer temos condições de mudar a nós mesmos?!

Um amigo me contou a história de seu filho de dez anos que fugiu de casa. Depois de um dia inteiro na rua, o garoto retornou cabisbaixo. "Meu filho", perguntou esse pai, "o que você aprendeu hoje?", e o filho respondeu: "Aprendi que, não importa para onde eu vá, sempre vou junto comigo".[3] É ou não é a história de todos nós?

Aonde quer que formos, sempre levaremos conosco nossa cobiça, egoísmo, traumas e defeitos. Nenhum de nós ousaria crer, sequer por um instante, que tem o poder de se transformar na pessoa que Deus deseja que sejamos. Apesar disso, também não ousaríamos crer que Deus jamais nos concederá esse poder. É Deus que nos capacita a sermos tudo que ele nos chama para ser. Foi justamente essa a promessa que Jesus fez a um líder religioso que foi visitá-lo tarde da noite.

"Havia um homem entre os fariseus chamado Nicodemos, líder entre os judeus" (João 3.1). Naquela época, havia não mais

[3] História contada por meu amigo Bill Frey.

que seis mil fariseus em Israel, entre eles, Nicodemos. O conselho da liderança judaica era formado por 71 clérigos, entre eles, Nicodemos. Tanto que Jesus se referiu a Nicodemos como "mestre em Israel" (João 3.10), sugerindo que esse fariseu ocupava posição especial. Nicodemos era tão ou mais religioso que uma Convenção de Batistas do Sul. "Esse homem veio ver Jesus à noite e disse a ele: 'Rabi, sabemos que você é mestre da parte de Deus, pois ninguém pode fazer os sinais que você faz se Deus não estiver com ele'" (João 3.2, ESV).

Ora, Nicodemos era um sujeito escrupuloso e diplomático. Escrupuloso, porque veio à noite para evitar que o vissem conversando com um rabino indisciplinado. Diplomático, porque usou de lisonja com o intuito de causar uma boa primeira impressão. Mas Jesus não era escrupuloso nem diplomático. Jesus era direto. Afinal, Nicodemos sequer havia feito alguma pergunta e Jesus já saiu dando uma resposta: "Jesus lhe respondeu: 'Em verdade, em verdade, digo a você, a menos que alguém nasça de novo, não poderá ver o reino de Deus" (João 3.3, ESV).

Tenha em mente que Jesus estava falando com o equivalente a um bispo. Se religião fosse uma conquista acadêmica, Nicodemos teria em casa uma parede repleta de diplomas. Jesus, porém, não se impressionou com as credenciais de Nicodemos. "Você deve nascer de novo", declarou Jesus, como quem diz: "Volte lá no começo e estude tudo de novo".

Algo um tanto radical para alguém tão elegante e paramentado quanto Nicodemos. O fariseu, pego de surpresa, questionou: "Pode um homem nascer depois de velho? Ele não pode entrar uma segunda vez no ventre de sua mãe e nascer, pode?" (João 3.4, NASB).

Nicodemos, que disse não mais que um punhado de frases nesse breve encontro, usou cinco vezes o verbo *poder*:

"Ninguém pode" (João 3.2),
"Pode um homem" (João 3.4),
"Ele não pode" (João 3.4),
"pode?" (João 3.4).

A última ocorrência aparece em outro momento de perplexidade no versículo 9: "Como pode ser isso?".

Nicodemos estava obcecado com o que o ser humano era capaz ou não de fazer. Para esse fariseu, tudo girava em torno de esforços, iniciativas e realizações humanas. Em seu entendimento, era a força humana que abria os portões do céu.

Em contrapartida, Jesus fez quatro referências à *in*capacidade humana. De acordo com Jesus, sem a ajuda do céu:

1. não podemos ver (isto é, experimentar) o reino de Deus (João 3.3);
2. não podemos entrar no reino de Deus (João 3.5);
3. não podemos dar à luz o Espírito (João 3.6); e
4. não podemos discernir a atuação do Espírito (João 3.8).

Temos aqui um diálogo clássico. De um lado, Nicodemos, representando todos os religiosos bem-intencionados, devotos cidadãos de bem e cumpridores da lei que pagam em dia seus dízimos e impostos, que comparecem à igreja todos os domingos, que memorizam passagens bíblicas e carregam a Bíblia a tiracolo enquanto empurram o evangelho goela abaixo de todos que encontram pela frente. Do outro lado, Jesus Cristo. O que este último disse ao primeiro é tão *poder*oso que até hoje vem estremecendo igrejas e sinagogas. "Eu afirmo que ninguém entrará no Reino de Deus sem nascer da água e do Espírito. O ser humano pode gerar apenas vida humana, mas o Espírito Santo faz nascer vida espiritual" (João 3.5-6, NLT).

A expressão "reino de Deus" se refere a um relacionamento com Deus nesta vida e à entrada no reino na próxima. Como se vê, há muita coisa em jogo! Como receber a cidadania celestial? Nascendo de novo.

Em nosso primeiro nascimento, nos tornamos humanos. Em nosso segundo, nos tornamos novas criaturas. E quem supervisiona esse segundo nascimento? O Espírito Santo![4] De fato, não fosse a obra do Espírito, seria impossível nascer a segunda vez! "Ninguém pode dizer: 'Jesus é Senhor' exceto por meio do Espírito Santo" (1Coríntios 12.3, NIV).

Apesar disso, é difícil culpar Nicodemos por sua dificuldade em acompanhar Jesus. Afinal, mal havia cumprimentado Jesus e já recebeu uma metralhadora de informações a respeito de um novo reino, de um novo nascimento e do poder para vivenciar ambos. E Jesus estava apenas começando.

"O vento sopra onde quer e você ouve seu som, mas não sabe de onde vem nem para onde vai. Assim é todo aquele que nasce do Espírito" (João 3.8, ESV). Jesus dispunha de uma infinidade de metáforas para descrever o Espírito: poderia ter usado cometas, galáxias, as profundezas do oceano e até baleias-brancas. Todavia, dentre todas essas opções, escolheu o vento. E não é difícil perceber a razão para isso.

O Espírito, como o vento, é uma força invisível.

O teólogo alemão Abraham Kuyper dedicou anos de sua vida e mais de mil páginas para estudar o Espírito Santo. O primeiro

---

[4] "A obra da salvação jamais começa com o esforço do ser humano. É necessário que seja iniciada por Deus, o Espírito Santo. E a razão para nenhum ser humano ser capaz de começar a obra da graça em seu próprio coração é bastante óbvia: primeiro, porque ele não tem essa capacidade; segundo, porque jamais o faria. Dessas duas, a melhor é o fato de não ser capaz, pois está morto. Os mortos podem retornar à vida, mas não por conta própria, pois os mortos nada podem fazer." SPURGEON, C. *Spurgeon on the Holy Spirit*. New Kensington: Whitaker, 2000, p. 16.

capítulo de seu livro se intitula "Tratamento cuidadoso é requerido", e contém o seguinte parágrafo:

> A respeito dele, nada se revela de forma visível. Ele jamais se move para fora do vazio intangível. Suspenso, indefinido, incompreensível, ele é um mistério. Como o vento! Ouvimos seu som, mas não sabemos dizer de onde vem e para onde vai. Os olhos não podem vê-lo, os ouvidos não podem ouvi-lo, tampouco as mãos pode agarrá-lo.[5]

O Espírito é completamente santo e diferente de qualquer criatura de nosso mundo.

E isso é muito bom! Precisamos de auxílio de fora, de uma fonte de poder inatingível por aquilo que nos atinge, imperturbável por aquilo que nos perturba, totalmente livre daquilo que nos prende. O Espírito não está sujeito ao clima, a um corpo que se fadiga, a pandemias, ao humor das bolsas de valores ou a ditadores. Ele jamais fica doente, jamais tem medo, jamais se preocupa, se desespera ou se estressa. Ele é o Espírito Santo, uma pessoa divina e envolta em mistério e majestade.

"O vento sopra onde quer" (João 3.8, ESV).

O Espírito Santo também não está sujeito a governos ou organizações. Ele não se submete a presidentes, reis, sacerdotes ou pastores. Sopra na direção que quer. É poderoso para abrir caminhos, forte para derrubar as paredes do preconceito e persuadir até mesmo a alma mais teimosa. Não obstante, é gentil. Sabe soprar sem perturbar uma folhinha sequer. Ventania poderosa em Pentecostes, porém mero sussurro no monte Horebe.

---

5 KUYPER, A. *The Work of the Holy Spirit*. Tradução de Henri De Vries. London: Funk & Wagnalls, 1900, p. 6.

O Espírito é como o vento. Se Jesus tivesse parado aí, Nicodemos já teria muito sobre o que refletir. Entretanto, Jesus prosseguiu, ampliando a imaginação de Nico, de Max e de todos que vêm tentando extrair preciosidades da passagem a seguir.

"Assim é todo aquele que nasce do Espírito" (João 3.8, ESV).

Um vegetal só pode dar origem a outro vegetal. Um cachorro só pode gerar outro cachorro, assim como um peixe, somente outro peixe. E todo aquele que nasce do Espírito é espírito. Em outras palavras, temos em nós o vento do Espírito, isto é, seu poder invisível. Somos hospedeiros do mistério e da majestade de Deus.

Tudo o que não podemos fazer, ele pode. Pare por um momento e pense em algo que você está com dificuldade para fazer. Que trilha íngreme está exaurindo seu fôlego? Talvez perdoar um inimigo, resolver um problema ou abandonar um mau hábito? Se você está com dificuldade para fazer algo assim, saiba que o Espírito tem poder para ajudar. Você tem em seu íntimo a força do vento celestial.

Eu me considero, até certo ponto, um perito em assuntos relacionados à força do vento. Afinal, cresci em uma região de muito vento. Em minha cidade natal, os ventos de primavera alcançam uma média de 20 km/h (uma piada bastante batida fala de um rancheiro do Texas que voltou de uma viagem a Nova York com o nariz inchado: de tão acostumado a inclinar o corpo para frente durante as ventanias, quando não havia uma, caía de cara no chão).

Um comerciante teve a ideia de ganhar dinheiro com esse vento e abriu um negócio de aluguel de barco à vela às margens do lago da cidade. Seus barcos eram do tamanho de uma prancha de surfe e traziam apenas um mastro e uma vela. Meu amigo James e eu fomos uns dos primeiros clientes. Detalhe: nem ele nem eu sabíamos velejar. O oeste do Texas é famoso por produzir vento, não marinheiros.

Subimos a bordo, empurramos o barco e zarpamos. Ou será que empurramos o barco primeiro e depois subimos a bordo? Bem, o importante é que, por um breve momento, saímos deslizando pelo lago e nos sentimos como se estivéssemos em alto-mar. Mas a inércia do empurrão durou pouco. Então, olhei para James, James olhou para mim e ambos demos de ombros. Não fazíamos a mínima ideia de como desprender o mastro e soltar a vela. Consequentemente, fizemos a única coisa que sabíamos: pulamos na água, nadamos até a traseira do barco e começamos a trabalhar.

A imagem de dois adolescentes sem-noção empurrando um barco a braçadas até o cais pode ser útil para ilustrar muitos cristãos bem-intencionados que desperdiçam a maior parte de suas energias empurrando seus barquinhos de volta para a praia. Jesus, porém, nos convida a içar as velas.

Cristianismo a remo é uma atividade exaustiva e frustrante. Aqueles que tentam viver dessa forma acabam esgotados e desesperados. Em contrapartida, aqueles que entregam esse trabalho ao Espírito encontram um poder renovador. Sim, a vida continua trazendo ondas e tempestades furiosas, porém já não temos de enfrentá-las por conta própria.

Nicodemos estava obcecado com a ideia de *poder* fazer. O cristão, por sua vez, vive obcecado com a ideia de que *está feito*. A obra da salvação está feita. Deus ajuda todo aquele que se confessa incapaz de ajudar a si mesmo.

Você é uma dessas pessoas? Permita-me encorajá-lo, caso você ainda não tenha feito, a crer naquele que Deus nos enviou. Confie em Jesus para fazer a obra que somente ele pode fazer. Confie no Espírito Santo para acender dentro de você um novo espírito, uma nova criação. Chega de rituais. Chega de viver cansado e ofegante. Deixe para trás a lista interminável de cobranças morais e o pensamento mortal de que, mesmo tendo feito muito, você ainda não fez o suficiente. Chega de vir cheio de medo até Cristo na calada da noite.

Vá até ele sob a luz de um novo dia, sob a condição de nova criatura!

Algumas noites atrás, houve um apagão geral em nossa vizinhança. O bairro inteiro sem energia. Todos os medidores de energia completamente parados.

Nenhuma lâmpada acesa, nenhuma televisão ligada. Ar-condicionado, micro-ondas, ventilador de teto, tudo apagado. E a geladeira aos poucos se transformando em um fogão. De um instante para outro, Denalyn e eu vimos nossa casa iluminada se transformar em uma caverna silenciosa.

Felizmente, sabíamos exatamente como agir. Casais menos experientes talvez ficassem assustados, confusos e com medo, mas minha esposa e eu já passamos por muitas situações parecidas. Imediatamente, arregaçamos as mangas e começamos a trabalhar.

Denalyn pegou uma escada e, com a ajuda de uma lanterna, subiu até o ventilador de teto e começou a rodar as pás o máximo que podia.

— Está chegando algum ar aí embaixo? — perguntou ela, esbaforida.

— Ainda não, querida. Pisa fundo. Continua que você consegue — respondi.

Era extremamente necessário que ela tivesse êxito nessa tarefa. Enquanto isso, eu suava a camisa movendo o interruptor de luz para cima e para baixo, para cima e para baixo, mas nada de voltar a energia. Minha ideia era muito simples: gerar eletricidade com a força do movimento. Não funcionou, mas eu ainda não havia perdido a esperança.

Hora do plano B: coloquei-me em frente à televisão e comecei a esbravejar. Outra ideia simples: produzir eletricidade no grito.

— Liga-te, ó televisão, e faças teu trabalho! Queremos ver cores, ouvir vozes, assistir a algum programa legal!

A falta de reação do aparelho me levou a intensificar meus esforços. Em um lampejo, percebi que podia mover o interruptor e gritar com a televisão ao mesmo tempo. Corri para a tomada na parede, não sem antes bater o tornozelo na mesa de centro, e furiosamente retomei a labuta enquanto vociferava com a televisão.

E não é que a casa voltou a ficar agitada? Denalyn girando o ventilador de teto e eu apertando o interruptor e gritando com a televisão.

Enquanto a energia elétrica não voltava, prosseguimos com a atividade. Ah, se você pudesse nos ver! Sem dúvida, ficaria muito impressionado. O quê? Você não ficou impressionado? Como assim, coisa de doido? Quer dizer que agitação não é o mesmo que produtividade?

Na verdade, estou muito feliz por você pensar assim, pois foi exatamente essa a mensagem de Jesus para Nicodemos e para nós: não podemos cumprir nossa missão por conta própria. Simplesmente não temos a força, a determinação e o poder necessários, mas o Espírito tem. Portanto, confie nele, hasteie sua vela, respire fundo e desfrute a paisagem.

CAPÍTULO 4

GEMIDOS DO CORAÇÃO

O Espírito como intercessor

O Espírito de Deus está [...] transformando em orações nossos suspiros indizíveis, nossos gemidos dolorosos.
(Romanos 8.26, The Message)

Agora mesmo minha testemunha está no céu; meu advogado está nas alturas. Meu intercessor é meu amigo quando diante de Deus correm lágrimas dos meus olhos; ele defende a causa do homem perante Deus, como quem defende a causa de um amigo.
(Jó 16.19-21, NIV)

Um vírus microscópico paralisou o mundo. Enquanto escrevo estas palavras, a Covid-19 tem abalado a economia, multiplicado ansiedades e tirado a vida de centenas de milhares, em um verdadeiro tsunami de horrores. Quando comecei a escrever este livro, expressões como "fique em casa", "distanciamento social" e "achatar a curva" eram desconhecidas. Hoje são jargão comum. Máscaras encobrem rostos e temores encobrem o coração. O medo de uma inalação fatal nos fez trancar as portas.

Oro para que essa pandemia já tenha passado quando você estiver lendo este livro. Se tiver, peço que a seguinte observação seja incluída nos livros de história: não soubemos como orar.

Posso atestar essa verdade por meio do site de orações que criei e no qual todos os dias postava uma mensagem on-line de esperança acompanhada do seguinte convite: "Poste sua oração e oraremos por você". Pedidos começaram a chegar aos montes, centenas de milhares de postagens de toda parte, de Connecticut ao Camboja.

"Ore para que eu encontre um emprego."

"Ore para que eu consiga me relacionar com minha família."

"Peça a Deus que me ajude a dormir."

"Estou muito solitário. Ore para que alguém fale comigo."

Entretanto, os pedidos mais comuns eram também os mais sinceros.

"Não sei o que pedir. Apenas ore por mim."

"Não encontro palavras. Apenas apresente meu nome diante de Deus."

"Eu tento orar, mas não consigo. Na maioria das vezes, apenas choro."

"Eu gostaria de orar, mas o tamanho do problema é grande demais para expressar em palavras."

"Tudo que sei fazer é suspirar."

São os gemidos do coração. Creio que você já deve ter ouvido sobre isso e talvez até passado por essa experiência. Estou falando do vernáculo da dor, a linguagem característica do desespero, aquele modo de se exprimir quando não encontramos palavras. É a esse linguajar que recorremos quando não sabemos o que dizer. Se a oração poética é coisa para dias ensolarados, diante do temporal tudo que ouvimos são grunhidos de tristeza, medo e espanto.

Apesar disso, todos esses gemidos são levados à presença de Deus Pai. E como sabemos disso? Porque esse é o trabalho do Espírito Santo.

> Sabemos que toda a criação tem gemido como em dores de parto até o presente momento. E não apenas isso, mas nós mesmos, que temos as primícias do Espírito, gememos em nosso íntimo enquanto esperamos ansiosamente por nossa adoção como filhos, a redenção do nosso corpo. [...] O Espírito nos ajuda em nossa fraqueza. Não sabemos pelo que devemos orar, mas o próprio Espírito intercede por nós por meio de gemidos inexprimíveis. E aquele que sonda nosso coração conhece a mente do Espírito, pois o Espírito intercede pelo povo de Deus de acordo com a vontade de Deus. (Romanos 8.22-23,26-27, NIV)

Poucas passagens revelam a ternura do Espírito Santo como essa. Estamos acostumados às obras poderosas do Espírito: a pregação de Pedro, as portas que se abriram diante de Paulo, os esqueletos que retornaram à vida na visão de Ezequiel, a abertura do mar Vermelho diante de Moisés. Mais importante que tudo isso, porém, é o fato de o Espírito auxiliar e traduzir as orações incoerentes dos fracos e trazê-las perante a corte celestial.

Nós, "que temos as primícias do Espírito, gememos em nosso íntimo" (Romanos 8.23). A presença do Espírito não é garantia de ausência de dores. A dor é uma parte natural da vida e produz em nós sentimentos de fraqueza. O termo que Paulo escolheu para se referir a essa "fraqueza" ocorre em outras passagens de suas epístolas em alusão a problemas de saúde. O apóstolo menciona sua doença (Gálatas 4.13) e a de Timóteo (1Timóteo 5.23). Ao que parece, a ideia de enfermidade ocupa a mente de Paulo aqui.

A doença exaure nossas energias. Lembro-me de uma fibrilação atrial que me fez sofrer por meses com um batimento cardíaco acelerado, condição que esgotou minhas forças e fez com que minha pele ficasse acinzentada. Os médicos não sabiam como me tratar e acabei caindo em desespero. Comecei a me ajoelhar diante do altar em nossa igreja e a orar feito criança. E olhe que minha fraqueza era quase insignificante se comparada à de muitos leitores cujo vigor da juventude é roubado por um câncer, cuja vida é devorada por uma esclerose múltipla, cujas articulações são enrijecidas por uma artrite reumatoide. Em situações como essas, nossas orações se transformam em grunhidos.

Talvez a sua fraqueza tenha uma origem diferente: um casamento em frangalhos, um negócio que não deu certo, um amor rejeitado, uma demissão inesperada. Circunstâncias como essas deixam nossa mente atordoada demais para compor orações articuladas. Tornamo-nos como Isaías:

> Gemo como a pomba.
> Meus olhos estão cansados de olhar para cima.
> (Isaías 38.14, ESV)

Ou como o salmista:

> Estou fraco e completamente abatido;
> aflijo-me em angústia de coração.
> Todos os meus anseios estão expostos diante de ti, Senhor;
> meus suspiros não estão escondidos de ti.
> (Salmos 38.8-9, NIV)

Em geral, deparamos com uma lacuna entre o que desejamos da vida e o que de fato obtemos. E, nesses momentos de fraqueza, “não sabemos orar conforme devemos” (Romanos 8.26, ESV).

Agradeço a Paulo por essa confissão sincera. O fato de que o apóstolo e autor de diversas cartas nem sempre sabia articular orações é um incentivo para nós, que muitas vezes também não sabemos como orar.

Como orar diante de um câncer? Pedir cura ou um arrebatamento antecipado? Como um pai deve orar por seu filho pródigo? Pedir que Deus tenha paciência com esse filho ou que o leve para uma pocilga? Como um cristão encarcerado deve orar? Deve pedir libertação ou resignação?

Não sabemos orar como devemos. O que acontece se nossa oração for fraca demais para merecer atenção de Deus? E se ele não nos ouvir? Muitos oram com ousadia, determinação e firmeza. A Bíblia relata orações que escancararam portas de prisão diante de Pedro e curaram enfermos diante de Paulo. Apesar disso, mal conseguimos pronunciar o “Pai-Nosso”. Será que o céu presta atenção à oração minguada de uma alma exausta?

Graças ao nosso Auxiliador Celestial, a resposta é “sim”. “O próprio Espírito intercede por nós” (Romanos 8.26, NIV). Interceder significa simplesmente se colocar como mediador. Intercessão é quando o mais forte defende a causa do mais fraco.

Em 1983, minha esposa e eu presenciamos uma intercessão quando nos mudamos para o Rio de Janeiro, capital. Pense em dois gringos inexperientes que mal sabiam falar português. Verdade seja dita, jamais havíamos viajado para o exterior. Embora tivéssemos lido muita coisa sobre adaptação cultural, nenhum livro é capaz de nos preparar para o momento em que você desce do avião sem uma passagem de retorno.

Nosso ajuste foi especialmente difícil, uma vez que toda a nossa mudança ficou retida na alfândega. Trouxemos um contêiner abarrotado de móveis, louças, panelas, livros e até fotografias de família, mas não podíamos retirá-lo. Contêiner cheio, apartamento vazio. Bastava apenas que o inspetor fizesse a liberação. Foram semanas de visitas constantes ao escritório da alfândega em que eu, em português estropiado, perguntava quando meu contêiner seria liberado. "*No*, senhor", respondia o inspetor com termos que incluíam *atrasado*, *precisa de aprovação*, *volte amanhã*. Eu não conseguia entender qual era o problema e não sabia me expressar bem o suficiente para me fazer entender. Um impasse.

Imagine minha ansiedade ao retornar para casa e dizer à Denalyn que não havia conseguido resolver o problema...

Nesse momento, entra em cena Quenho, nosso vizinho, que, acompanhado de sua esposa, literalmente entrou em nosso apartamento para se apresentar. Como não havia lugar para nos sentarmos, ficamos em pé enquanto tomávamos café. Conversa vai, conversa vem, acabei explicando minha situação a ele. Quenho começou a sorrir e disse: "Sou advogado e vou ajudar você". Comentei que havia passado o mês inteiro tentando resolver o problema. "Deixa comigo", emendou ele, sem se abalar.

Dito e feito. Ao chegarmos ao escritório da alfândega, Quenho falou com o mesmo inspetor que havia me rejeitado todas as vezes. Em pouco tempo, ambos estavam às gargalhadas. Quenho fez um gesto para eu me aproximar, colocou a mão em meu ombro e disse alguma coisa para o inspetor a respeito de ser meu vizinho. É possível que tenha rolado algum dinheiro por baixo do pano, não sei. Sei apenas que funcionou, pois o contêiner foi liberado e entregue, para a imensa alegria de Denalyn.

Quenho tinha tudo que eu não tinha: conhecia a cultura e a língua, sabia interpretar a lei, sabia compreender o problema e a forma de persuadir o inspetor da alfândega. Acima de tudo, para minha felicidade, estava disposto a interceder em meu favor.

Em outras palavras, atuou como meu defensor.

É exatamente esse o papel do Espírito Santo. Quando você se sentir perdido, saiba que pode contar com o Espírito de Deus como seu defensor. "Ainda que ao indivíduo nada mais reste exceto suspirar por libertação quando lhe faltam palavras, o Espírito de Deus já está suspirando e intercedendo a favor dessa pessoa."[1]

É exatamente esse o papel do Espírito Santo. Quando você se sentir perdido, saiba que pode contar com o Espírito de Deus como seu defensor.

Não sabemos orar como devemos, mas o Espírito sabe. E como sabe! Ao contrário do inspetor da alfândega, nosso Pai está sempre disposto a liberar bênçãos abundantes para nós. O Espírito é nosso defensor, e o Pai é nosso provedor. Talvez você se sinta fraco, mas saiba que nunca foi tão forte.

Nesse sentido, é possível que os maiores campeões da oração sejam os mais fracos: um criminoso na prisão, um imigrante na fronteira, uma criança esquecida no orfanato. A oração do

---

1 MOLTMANN, J. *The Spirit of Life*: *a universal affirmation*. Minneapolis: Fortress, 1992, p. 51, conforme citado por ALLEN, L. *Poured out*: *the Spirit of God empowering the mission of God*. Abilene: Abilene Christian University, 2018, p. 164.

deprimido é tão santa quanto a do exultante. Minha mãe, tomada pela demência, vivia acamada e murmurando, mas nosso Deus bondoso a ouvia mesmo assim. Ora, porventura não é uma oração digna do céu a daquele veterano de guerra com estresse pós-traumático que busca coragem para retornar à sociedade?

Agora mesmo, no exato instante em que escrevo estas palavras e você as lê, o Espírito do Deus vivo está conversando com os demais membros da Trindade a respeito de você. O Espírito eterno e criador está intercedendo a seu favor:

> transformando em orações nossos suspiros indizíveis, nossos gemidos dolorosos. (Romanos 8.26, The Message)

> intercedendo por nós com gemidos inexprimíveis. (Romanos 8.26, ESV)

> pleiteando com Deus em nosso favor com gemidos que não podem ser exprimidos por meio de palavras. (Romanos 8.26, GNT)

Maravilhoso, não? A ajuda está aqui! A maior força, a única e verdadeira força do universo, é sua aliada, sua porta-voz, sua defensora. "Ele [...] nos mantém presentes diante de Deus. É por isso que ele tem tanta certeza de que cada detalhe de nossa vida de amor a Deus é transformado em algo bom" (Romanos 8.28, The Message). Todas as nossas orações noturnas são trazidas à luz do trono do Pai. "Tu conheces todas as minhas tristezas. Tu coletaste todas as minhas lágrimas em teu jarro. Tu as registraste uma por uma em teu livro" (Salmos 56.8, NLT).

Que essa certeza faça com que você valorize suas orações! Paulo valorizava. Caso alguém perguntasse a ele: "Como andar no Espírito?", sua resposta seria: "Por meio da oração!". Afinal, o apóstolo dedicou sua vida à oração. Ele orava com muita frequência e assiduidade, e nos incentivou a fazer o mesmo (1Tessalonicenses 5.16-18). "Em todas as ocasiões", instou Paulo, "ore no Espírito" (Efésios 6.18, NIV).

Em junho de 2018, 12 garotos tomaram uma decisão que quase lhes custou a vida: decidiram explorar a caverna de Tham Luang, na Tailândia. O plano deles era muito simples: explorar o local por uma hora, guardar boas lembranças e pedalar de volta para casa. Nada mais.

Todavia, ninguém esperava por um dilúvio.

Uma tempestade repentina inundou as galerias e os impediu de retornar. Não tinham comida, nem luz, nem comunicação com o mundo exterior. Além de total escuridão, a caverna era profunda. Não havia como escapar.

Embora não soubessem, pessoas do mundo inteiro começaram a orar por eles. Nenhum de nós sabia como, mas oramos mesmo assim, e Deus nos ouviu. Várias nações se juntaram para uma operação de resgate que envolveu mais de dez mil pessoas: mergulhadores, socorristas, soldados, até pilotos de helicóptero e motoristas de ambulância, além de cilindros de oxigênio, cães farejadores, robôs e drones. Uma quantidade enorme de especialistas e de voluntários se colocou à disposição para socorrê-los.

Depois de nove dias de trabalho, os mergulhadores encontraram os garotos amontados em um barranco lamacento. O primeiro mergulhador removeu a máscara e disse: "Sou apenas o primeiro. Outros estão a caminho".[2]

---

2 "The full story of Thailand's extraordinary cave rescue". *BBC News*, 14 jul. 2018. Disponível em: https://www.bbc.com/news/world-asia-44791998. "Tham Luang Cave Rescue". *Wikipedia*. Disponível em: https://en.wikipedia.org/wiki/Tham_Luang_cave_rescue#:~:text=The%20rescue%20effort%20involved%20over,pumping%20of%20more%20than%20a.

Você consegue imaginar o que aqueles garotos sentiram depois de ouvir essas palavras? Se sim, imagine como o Espírito deseja que você se sinta quando diz: “Eu direi o que você não consegue dizer. Não se desespere, suas orações estão sendo ouvidas no céu”.

Bem, você não está preso em uma caverna nas profundezas da terra, mas talvez esteja se sentindo preso em um lugar muito escuro e sem nenhuma indicação de saída. Nesse caso, por favor, me ouça. Diante de uma situação de fraqueza, é essencial confiarmos que a Trindade fará o que é melhor para nós. Não sabemos como orar, mas isso não é problema, pois o Espírito Santo sabe. Mais que isso, ele ora por você.

CAPÍTULO 5

SALVAÇÃO GARANTIDA

O Espírito como selo

Pois estou convencido de que nem a morte nem a vida,
nem anjos ou demônios, nem o presente nem o futuro,
nem poderes, nem alturas ou profundezas, nem qualquer
coisa em toda a criação, poderá nos separar do amor de
Deus que está em Cristo Jesus, nosso Senhor.
(Romanos 8.38-39, NIV)

Não perderei nenhum daqueles que ele me deu.
(João 6.39, NIV)

Talvez você já tenha passado por uma experiência de infância parecida. Certa vez meus pais combinaram de eu passar uma semana na casa dos meus avós. Na época, eu não passava de um garoto de dez anos, se tanto. O plano era simples: meu pai e minha mãe me levariam à estação rodoviária, comprariam uma passagem e me colocariam no ônibus para uma viagem de três horas até a rodoviária mais próxima da casa de meus avós, que, por sua vez, aguardariam minha chegada e me levariam para casa. Minha tarefa, conforme recitada várias vezes por minha mãe, era grudar no assento e não descer em nenhuma parada ao longo do caminho, exceto em caso de necessidades fisiológicas. "Use o banheiro, não fale com ninguém e volte para o ônibus." Perdi a conta de quantas vezes ela me disse isso.

É obvio que minha mãe tinha razão. Afinal, a estrada pode ser perigosa. Além disso, crianças desobedecem, se perdem e podem até ser sequestradas. Apesar desses perigos, meus pais me levaram à rodoviária.

Quando eu estava prestes a embarcar, meu pai pegou um pouco de dinheiro, embrulhou num bilhete em que havia escrito alguma coisa e colocou no bolso da minha camisa. "Para você comprar algo pra comer." Em seguida, me abraçou, minha mãe me deu um beijo e eu subi no ônibus e parti.

Conforme instruções, grudei no assento enquanto observava pela janela as plantações de algodão do oeste do Texas. O ônibus parou em várias cidades, porém não desgrudei nenhuma vez.

Levantei-me e desci somente quando avistei minha avó. Tudo correu rigorosamente conforme planejado.

Na verdade, a única razão para eu mencionar esse episódio está naquele pedacinho de papel que meu pai me entregou. Alguns quilômetros depois da partida, desembrulhei o bilhete e encontrei o seguinte: "Este garoto pertence a Jack e Thelma Lucado". Logo abaixo, o endereço e o telefone de casa. Na hipótese improvável de eu me perder, a esperança era que aquela mensagem me ajudasse a contatar minha família.

É com grande alegria que lhe escrevo, caro leitor: Deus fez a mesma coisa por você. Dê uma olhada em seu bolso espiritual e encontrará um bilhete semelhante. Sim, Deus reivindicou publicamente tua vida. "Este filho é meu." Você e eu precisamos muito dessa proteção. Afinal, a estrada da vida pode ser perigosa. Crianças se perdem. Filhos e filhas se rebelam. O diabo pode tentar nos enganar. Portanto, Deus quer que Satanás e seus comparsas estejam bem cientes de que "este me pertence, fique longe dele".

E a quem a Trindade confia essa proteção? Pois saiba que você e eu fomos "selados com o Espírito Santo prometido" (Efésios 1.13). Mais adiante, nessa mesma epístola, Paulo exorta: "E não entristeçam o Espírito Santo de Deus, em quem vocês foram selados para o dia da redenção" (Efésios 4.30). Em ambas as passagens, o apóstolo se exprimiu de modo a enfatizar algo que já foi realizado. Não estamos *sendo selados* nem *aguardamos ser selados*. Ao contrário, já fomos selados de *uma vez por todas* pelo Espírito para nossa redenção.[1]

---

[1] "O dono sela sua propriedade por meio de seu sinete, a fim de declarar que esta lhe pertence. Caso mais tarde retorne para recuperá-la e alguém questione seu direito a ela, o selo é prova suficiente disso e põe fim à discussão. Nesse caso, o fato de os cristãos terem recebido o Espírito é prova de que pertencem a Deus em um sentido especial [...] Outros selos, literais ou simbólicos (por exemplo, circuncisão, selo da aliança com Abraão), eram fixados externamente, mas o selo da nova aliança está impresso no coração daquele que crê" (BRUCE, F. F. *The Epistle to the Ephesians*: a verse-by-verse exposition. London: Revell, 1961, p. 36).

Se você já lambeu um envelope para selar uma carta, se alguma vez registrou um contrato em cartório ou selou algum recipiente com filme plástico antes de guardar na geladeira, então deve estar familiarizado com o verbo *selar*. Selar significa declarar a posse de algo. Também serve para proteger o conteúdo de algo. Equivale a dizer: "Isto é meu, isto está protegido".

Quando você aceitou Cristo, Deus selou você com o Espírito, isto é, colocou sobre você um invólucro, a fim de garantir sua proteção. Satanás pode tentar persuadir, desanimar e até (por algum tempo) influenciá-lo, mas não pode se apossar de você, pois Cristo "marcou vocês como pertencentes a ele, garantindo que serão salvos no dia da redenção" (Efésios 4.30, NLT).

Em se tratando desse imprimátur[2] divino, você e Jesus desfrutam o mesmo status. Conforme disse Jesus: "Deus, o Pai, colocou o seu selo [em mim]" (João 6.27, NKJV). O termo grego usado para se referir ao selo de Jesus e ao selo dos cristãos é o mesmo.[3] Por acaso Jesus tem medo de ser rejeitado pelo Pai? De jeito nenhum. Deveria você temer a mesma coisa? Claro que não!

Ora, além de selado, *você também foi adotado*.

> Pois todos que são guiados pelo Espírito de Deus são filhos de Deus. Portanto, vocês não receberam um espírito que faz de vocês escravizados temerosos. Ao contrário, vocês receberam o Espírito de Deus quando ele os adotou como filhos próprios. Agora o chamamos de "Aba, Pai", pois seu Espírito se une ao nosso espírito para assegurar

---

2 Do latim, o termo imprimátur referia-se à autorização concedida pelas autoridades eclesiásticas para obras impressas, e figurava no verso da página de rosto ou de anterrosto. [N.E.]

3 WIGRAM, G. V.; WINTER, R. D. *The Word Study Concordance*. Wheaton: Tyndale, 1978, p. 715, nota 4973.

> que somos filhos de Deus. E, uma vez que somos seus filhos, somos seus herdeiros. (Romanos 8.14-17, NLT)

Você não é escravizado. Os escravos vivem amedrontados, com medo de que seu senhor não aprove seu trabalho ou não supra suas necessidades futuras. Afinal, o que impede o senhor de vender o escravo a qualquer momento? Em contrapartida, a relação entre pai e filho é estabelecida com base na confiança.

No Antigo Testamento, Deus é descrito como pai apenas 15 vezes. No Novo Testamento, são mais de 200 referências a Deus como nosso pai. E olhe que o Novo Testamento é bem menor que o Antigo. O que aconteceu entre o Antigo e o Novo Testamento?[4]

Cristo aconteceu. A morte dele na cruz foi o pagamento definitivo por nossos pecados. "Tão distante quanto o oeste está do leste, assim ele afastou de nós nossas transgressões" (Salmos 103.12, NIV). Quão longe está o leste do oeste? Cada vez mais distante um do outro. Viaje para o oeste e jamais chegará ao leste. Siga rumo ao leste e jamais chegará ao oeste. Entretanto, o mesmo não acontece com as outras duas direções. Siga para o norte ou para sul e eventualmente você alcançará o Polo Norte ou o Polo Sul, mas o oeste e o leste não têm um ponto de chegada.

Deus também não. O perdão dele é irreversível.

"Pisarás os nossos pecados com os pés e atirarás todas as nossas iniquidades nas profundezas do mar" (Miqueias 7.19, NIV). Deus atira nossos pecados no ponto mais profundo do oceano. Ele não os coloca em algum depósito nem os varre para debaixo do tapete. Ao contrário, ele os arremessa às alturas enquanto os observa atingir o meio do oceano, onde afundam nas

---

[4] STEIN, R. H. "Fatherhood of God". *Baker's Evangelical Dictionary of Biblical Theology*. Disponível em: http://www.biblestudytools.com/dictionaries/bakers-evangelical-dictionary/fatherhood-of-god.html.

profundezas para jamais ser recuperados ou usados contra nós. Deus lidou com nossos pecados de uma vez por todas. Seus pecados, caro leitor, encontram-se submersos no oceano, empacotados no trem que segue para o leste enquanto você alça voo em direção ao pôr do sol.

Preste atenção nesta verdade: quando Deus vê você, ele não vê seus pecados. Deus "apaga as tuas transgressões" e "não mais se lembra de teus pecados" (Isaías 43.25, NIV). Deus não nos põe em liberdade vigiada. Além disso, não abre exceções nem reverte decisões. Deus jamais mudará de opinião a respeito de você.

Preste atenção nesta verdade: quando Deus vê você, ele não vê seus pecados.

Deus nos adotou. Trata-se de um conceito extraordinário para qualquer época, porém era muito mais significativo para os leitores do apóstolo Paulo, uma vez que, de acordo com a lei romana, o filho adotivo:

- perdia todos os laços com sua antiga família, todo o seu passado era anulado e ele adquiria todos os privilégios de sua nova família;
- tornava-se herdeiro das propriedades de seu pai;
- recebia perdão de todas as dívidas passadas;
- e se tornava, aos olhos da lei, filho de seu novo pai.[5]

É isso que Cristo tornou possível para nós. Pertencemos a Deus de maneira irrevogável. É como se nosso passado tivesse sido apagado. Já não existe nenhum vínculo com nossa antiga

5 "The Spirit Confirms Our Adoption". *Grace to You*, 29 maio 1983. Disponível em: http://www.gty.org/resources/sermons/45-59/the-spirit-confirms-ouradoption?term=adoption.

identidade. O Espírito Santo nos convence dessa verdade, porquanto "se une ao nosso espírito para assegurar que somos filhos de Deus" (Romanos 8.16, NLT).

> Agora vocês podem afirmar com certeza que foram plenamente adotados como filho dele porque Deus nos enviou o Espírito de seu Filho, o qual exclama: "Aba! Pai!" Porventura esse privilégio de conversar intimamente com Deus não é um sinal claro de que vocês já não são escravizados, mas filhos? E, se vocês são filhos, também são herdeiros, com total acesso à herança. (Gálatas 4.6-7, The Message)

Em geral, porém, não é assim que o ser humano pensa a respeito de Deus. Dizemos "Pai nosso que está no céu", mas não cremos de verdade nessa afirmação. Não confiamos nele, não o amamos e não o buscamos de verdade. Quando não temos o Espírito trabalhando em nossa vida, enxergamos Deus como uma divindade a quem procuramos evitar, apaziguar e até mesmo fugir dela. Temos receio de Deus. Quando nos aproximamos dele em oração, é apenas por obrigação ou medo, e não por amor.

Entretanto, uma transformação sobrenatural ocorre no momento de nossa conversão. Passamos a desejar, a buscar e a confiar em Deus. Começamos a enxergá-lo como nosso Pai perfeito. Agimos dessa maneira "porque o amor de Deus tem sido derramado em nosso coração por meio do Espírito Santo que nos foi dado" (Romanos 5.5, NASB).

O Espírito convence nosso espírito acerca da verdade de que nosso destino está nas mãos de um Pai amoroso. Seu nome, caro leitor, não está escrito a lápis no livro de Deus. O Senhor não está segurando uma borracha em uma das mãos como quem busca uma desculpa para apagar seu nome. Ele não é um patrão cruel que exige perfeição por meio de ameaças de castigo, mas um Pai bondoso que escreveu seu nome no Livro da Vida com o sangue do Cordeiro. E o Espírito de Deus está chamando você para, em seu íntimo, ouvir a voz dele confirmando você como filho de Deus. Você já é parte da família. “Deus nos confirma, nos torna seguros em Cristo, coloca seu sim em nosso íntimo. Por meio de seu Espírito, ele nos carimbou com sua promessa eterna, um começo garantido daquilo que ele está determinado a completar” (2Coríntios 1.21-22, The Message).

Tempos atrás, ouvi uma amiga descrever o momento em que se converteu como o dia mais feliz da vida dela. O dia seguinte, porém, foi o pior. Obviamente, eu quis saber o motivo. “Acordei no dia seguinte com um pensamento”, respondeu ela: “E se eu estragar tudo?”.

Você também já pensou nisso? Já teve medo de fraquejar na fé?

Robert Harkness, jovem e talentoso pianista australiano, viajou o mundo em companhia do famoso evangelista R. A. Torrey. Certa noite, em um congresso evangelístico no Canadá, Harkness conheceu outro jovem recém-convertido que estava com medo de

Seu nome, caro leitor, não está escrito a lápis no livro de Deus. O Senhor não está segurando uma borracha em uma das mãos como quem busca uma desculpa para apagar seu nome. Ele não é um patrão cruel que exige perfeição por meio de ameaças de castigo, mas um Pai bondoso que escreveu seu nome no Livro da Vida com o sangue do Cordeiro.

perder a salvação. Harkness ansiava para que aquele jovem — e outros como ele — tivesse a certeza da capacidade de Deus de preservá-lo, a certeza de que Deus sempre termina o que começa. Harkness mencionou esse assunto em uma carta endereçada à Ada Habershon, compositora de hinos que morava em Londres. Em um lampejo de inspiração, Ada escreveu o hino "Quando temo fracassar em minha fé".

> Quando temo fracassar em minha fé, Cristo me guardará
> Quando o tentador ameaça prevalecer, ele me guardará
> Eu jamais seria capaz de perseverar no caminho tenebroso da vida
> Pois meu amor é muitas vezes frio, ele precisa me guardar
> Ele me guardará, ele me guardará
> Pois meu Salvador me ama, ele me guardará
> Aqueles a quem salva são para ele grande alegria, Cristo me guardará
> Precioso em seu santo olhar, ele me guardará
> Não deixará minha alma se perder, sua promessa permanecerá
> Por ele comprado por tão alto preço, ele me guardará.[6]

Por que essa segurança é tão importante? Por que é necessário saber que somos adotados pelo Pai e selados pelo Espírito? Simples: porque confiança traz poder.

Uma jovem me pediu que orasse para que fosse aceita na faculdade de Direito. Ela preencheu todos os formulários, protocolou sua inscrição e ficou esperando... e esperando. Cada vez que nos falávamos, parecia mais ansiosa. *E se eu não for chamada? O que farei da vida*? *Será que escolhi a profissão errada*?

---

[6] HABERSHON, A. "He Will Hold Me Fast". Disponível em: https://hymnary.org/text/when_i_fear_my_faith_will_fail.

A incerteza do futuro lhe trazia insegurança.

Certo dia, a carta de aprovação chegou. "É com grande prazer que informamos...".

Ela me ligou para contar as boas-novas. Com um tom de voz firme e muita empolgação, já estava fazendo planos de alugar um apartamento, reformular seu currículo e comprar roupas novas. Qual o motivo dessa transformação? Ela sabia o que aconteceria dali em diante: seu futuro estava garantido. O Espírito Santo, porém, nos traz uma confiança muito maior, pois também recebemos dele uma carta de aprovação — não para entrarmos na faculdade, mas para entrarmos no céu.

> Portanto, não temeremos o dia do julgamento, mas o encararemos com confiança, pois vivemos neste mundo conforme Jesus viveu. Esse amor não tem medo, pois o amor perfeito expulsa todo medo. Se temos medo, é porque tememos ser punidos, e isso mostra que ainda não experimentamos plenamente o amor perfeito dele. Amamos uns aos outros porque ele nos amou primeiro. (1João 4.17-19, NLT)

Você é um cristão que teme o julgamento? Nesse caso, tome posse da oração de Robert Robinson:

> Propenso a me desviar, Senhor, me sinto,
> Propenso a abandonar o Deus que amo.
> Toma meu coração, ó Pai, e sela-o,
> Sela-o para tua casa no alto.[7]

[7] ROBINSON, R. "Come Thou Fount of Every Blessing". *Indelible Grace Hymn Book*. Disponível em: http://hymnbook.igracemusic.com/hymns/come-thou-fount-of-every-blessing. Domínio público.

Deus ama você com amor perfeito. Ele conhece perfeitamente seus erros passados e seus erros futuros, e mesmo assim está plenamente disposto a amar você. Mais que isso, ele se comprometeu a levar você em segurança até seu lar.

Nic Brown compreendeu a importância dessa garantia. Ele foi a primeira pessoa em sua cidade a ser diagnosticada com coronavírus. Na época com 38 anos, Nic tinha duas filhas e levava uma vida saudável. Ele não fazia a mínima ideia de como havia contraído o vírus. Afinal, morava em uma área rural no estado de Ohio. Apesar disso, a doença o atacou com unhas e dentes. À medida que sua saúde se deteriorava, foi transferido para uma UTI em Cleveland, porém sua enfermidade continuou progredindo, a ponto de os médicos conversarem com a esposa dele a respeito da possibilidade de falecimento. A equipe médica monitorava o tratamento por meio de objetivos diários escritos na janela do quarto dele. Ao final dessas anotações, acrescentavam uma mensagem especial de esperança: "Vamos ajudar você a voltar para casa".

Pouco a pouco, o corpo de Nic começou a combater o vírus. Sua recuperação foi gradual, porém completa. Nic recebeu alta e retornou para sua esposa e suas duas filhas. A equipe cumpriu a promessa.[8]

O Espírito Santo também cumprirá sua promessa, pois estamos selados. Sim, ele nos levará para casa.

---

[8] "COVID-19 Patient Writes Inspiring Message on Glass to Caregivers". Disponível em: https://www.youtube.com/watch?v=pIzNAgiBETM.

CAPÍTULO 6

ACALMANDO O CAOS

O Espírito como pomba

Deixo vocês com um presente: paz de espírito e de coração!
E essa paz que concedo não é frágil como a paz que o
mundo oferece. Portanto, não temam nem se preocupem.
(João 14.27, TLB)

Svalbard, na Noruega, é o lugar mais seguro do mundo. Ao menos essa é a esperança da Global Seed Vault, organização que projetou uma espécie de caixa-forte ultrassegura, mantida a temperaturas ultrabaixas, com capacidade para abrigar sementes de todos os mais de 4,5 milhões de vegetais que consumimos.

Mesmo que Svalbard não seja o lugar mais seguro da terra, sem dúvida é um dos mais frios e mais próximos do Polo Norte. É comum a temperatura se manter abaixo de zero ali e há mais ursos polares que humanos. Temperatura baixa e população escassa qualificam o local como salvaguarda contra alguma catástrofe na produção agrícola. O lugar abriga *bunkers* de concreto construídos para resistir a inundações, incêndios e até ataques nucleares. Nesse local, as sementes estarão seguras em caso de aquecimento global ou de alguma praga de alcance mundial.

A maioria dos seres humanos não tem condições de construir *bunkers* para se refugiar, embora alguma calamidade talvez possa nos levar a pelo menos tentar. Ameaças do tipo "se a temperatura global subir mais alguns graus, se segredos de estado caírem em mãos erradas, se alguém apertar o botão vermelho por descuido" são motivos suficientes para qualquer um desejar uma passagem para Svalbard.[1]

---

1 "Svalbard Global Seed Vault". *Crop Trust*. Disponível em: www.croptrust.org/our-work/svalbardglobal-seed-vault/.

Não bastasse isso, também enfrentamos calamidades pessoais: marcadores tumorais elevados, investimentos em baixa, casamento abalado, pandemia, trabalho estressante, pressão sanguínea nas alturas, insônia, falta de apetite. Tempestades pessoais que nenhum de nós é capaz de acalmar.

Qual o resultado dessas coisas? Ansiedade. E não pense que isso é sinal de fraqueza, imaturidade ou possessão demoníaca. Antes, é simplesmente o resultado de vivermos em um mundo difícil e em rápida transformação. Embora a ansiedade não seja sinal de fraqueza, ela nos enfraquece, rouba nosso sono, entorpece nossa mente e enche nosso coração de medo. Todavia, nada tema, caro leitor, pois a ajuda já chegou. Você tem ao seu dispor o melhor antídoto contra o medo: o Espírito Santo, a presença tranquilizadora de Deus em nosso mundo agitado. Ele ajudará você a enfrentar as vozes do medo e o trará para perto da paz de espírito.

Em seu primeiro ato na história da criação, o Espírito transformou o caos em calmaria. "A terra estava sem forma e vazia; e havia trevas sobre a face do abismo. E o Espírito de Deus pairava sobre a face das águas" (Gênesis 1.2, NKJV).

A primeira descrição de nosso planeta é a de um lugar nada agradável. Minha mente evoca imagens de rios de lava, cometas, ondas gigantescas e penhascos sinistros. Não havia vida, luz ou som agradável. Apenas caos, abismo e confusão.

Entretanto, é nesse momento de frenesi primordial que o Espírito Santo faz sua primeira aparição: "pairava sobre a face das águas".

Aqui seria de se esperar um verbo diferente para a ação do Espírito de Deus — talvez *controlava*, *ordenava*, *comandava* ou *asseverava* —, mas sua primeira atividade foi pairar sobre um mundo confuso. O termo *pairar* aparece poucas vezes no texto bíblico. Em uma dessas ocorrências, é utilizado novamente em um contexto de caos. O relacionamento de Deus com o antigo povo de Israel é descrito como uma águia protetora que paira sobre o ninho.

> Como a águia agita seu ninho,
> Paira sobre seus filhotes,
> estende suas asas, toma-os e
> os carrega em suas asas. (Deuteronômio 32.11, NKJV)

Imagine esses filhotes cambaleando e chiando de bico aberto, um verdadeiro rebuliço de atividade, inexperiência e inaptidão. Nesse momento, surge a mamãe águia: sua presença acalma o ninho, sua provisão nutre os filhotes. A tarefa dela é simples: trazer calmaria para o caos.

Da mesma forma, o Espírito de Deus pairava sobre a face das águas. Tão logo se fez calmaria, teve início a criação.

> A terra estava sem forma e vazia; e havia trevas sobre a face do abismo. E o Espírito de Deus pairava sobre a face das águas. *Então*, Deus disse: "Haja luz", e houve luz. (Gênesis 1.2-3, NKJV, grifo nosso)

Antes de Deus criar o mundo, o Espírito de Deus o acalmou.

O Antigo Testamento começa descrevendo o Espírito como uma presença que paira, que acalma. É muito propício, portanto, que o Novo Testamento se refira ao Espírito como uma *pomba*.

> Então Jesus veio da Galileia até João, no Jordão, para ser batizado por ele. Mas João tentou impedi-lo, dizendo: "Eu preciso ser batizado por ti, e tu vens a mim?". Jesus, porém, respondeu: "Permita que assim seja por enquanto, pois convém que assim façamos a fim de cumprir toda a justiça". E João concordou. Tão logo foi batizado, Jesus

> saiu imediatamente da água, e eis que os céus se abriram para ele, e viu o Espírito de Deus descendo em semelhança de pomba e pousando sobre ele. (Mateus 3.13-16, NKJV)

João Batista fez o possível para dissuadir Jesus do batismo e até desejou que os papéis se invertessem, mas Jesus se recusou. E assim os dois desceram as águas azuladas do Jordão, meteram os pés na lama e sorriram para a multidão que a tudo observava na margem do rio. Em seguida, João mergulhou Cristo na água. Quando Jesus retornou, os céus se abriram e o Espírito desceu sobre ele em semelhança de uma pomba.

Todos os quatro evangelhos relatam esse acontecimento (Marcos 1.10; Lucas 3.22; João 1.32). Lucas, aliás, acrescenta que o Espírito desceu não em semelhança de uma pomba, mas como *uma pomba de verdade*. "O Espírito Santo, em forma de uma pomba, desceu sobre ele" (Lucas 3.22, TLB). O Espírito Santo é apresentado por meio de várias formas na Escritura: fogo, vento, óleo de lamparina, rio de água viva. Entretanto, durante a coroação de Jesus, o Espírito decidiu se manifestar de maneira gentil, suave e amena, como uma pomba.

Você não acha que uma águia seria mais apropriada? Uma águia pronta para lançar as garras sobre Satanás, a ratazana? Ou uma coruja, símbolo de sabedoria? Talvez uma cotovia cantando em serenata para o mundo todo? Mas o Espírito escolheu vir em forma de pomba. Por quê?

Parte da resposta talvez esteja na ternura maternal do Espírito Santo. Nos tempos bíblicos, a pomba era um símbolo feminino. Aliás, a palavra hebraica para "Espírito" era um termo feminino.[2]

---

[2] WILLETTE, D. "The Enduring Symbolism of Doves: From Ancient Icon to Biblical Mainstay". *BiblicalArchaeology.org*, 21 ago. 2021. Disponível em: https://www.biblicalarchaeology.org/daily/ancientcultures/daily-life-and-practice/the-enduring-symbolism-of-doves/.

"A pomba é comumente considerada um símbolo maternal em razão de sua capacidade de produzir leite materno. [...] Ela interrompe sua busca por comida pouco antes do nascimento dos filhotes. Essa privação temporária de alimento garante um leite mais puro para seus filhotes".[3]

Como uma mãe, o Espírito Santo cuida de nós com carinho. Sempre fui capaz de perceber quando minhas filhas apareciam com ar de preocupação. "Onde está a mamãe?" era a primeira pergunta que faziam quando chegavam em casa. Denalyn tinha uma reação diferente da minha: enquanto eu reagia por meio de estratégias e soluções (aquela típica postura de "vamos dar um jeito nisso"), minha esposa reagia com ternura, empatia e compreensão, isto é, ouvindo, abraçando e deixando que desabafassem o quanto quisessem.

Há ocasiões em que precisamos do apoio resoluto de um pai, e Deus, nosso Pai, nos concede isso. Há momentos em que precisamos da amizade de um irmão, e Jesus, nosso irmão espiritual, nos concede isso. Entretanto, há inúmeras ocasiões em que problemas e ansiedades afligem nosso espírito. Ansiamos pelo abraço tranquilizador de uma mãe amorosa. Para essas ocasiões, buscamos o Espírito Santo.

A Pomba Santa de Deus acalma o ambiente barulhento, tumultuado, irritadiço e vingativo do coração humano. "O fruto do Espírito é [...] bondade [...] mansidão" (Gálatas 5.22-23, NKJV).

Você está precisando de um fruto como esse? Um estudo conduzido em 2018 pela Associação Americana de Psiquiatria (APA) revelou que 51% dos norte-americanos se descrevem como

---

[3] "Dove Symbolism". *Pure Spirit*. Disponível em: www.pure-spirit.com/more-animal-symbolism/602-dovesymbolism.

pessoas ansiosas (fazendo pender a balança, pela primeira vez na história, para o lado da angústia).[4]

Essa angústia é fomentada por Satanás. Estou convicto de que Satanás administra uma escola dedicada a promover uma única matéria: a linguagem da ansiedade. Em algum lugar nas entranhas do inferno, há salas de aula cheias de demônios aprendendo o dialeto do medo e da dúvida.

Caso você participasse de uma dessas classes (o que não é recomendado), encontraria um docente diplomado em terror avançado passeando por entre os alunos e discorrendo a respeito da refinada arte de tocar o terror. Você veria esse mestre com uma mão esquelética erguida no ar e gesticulando em voz áspera: "Vocês têm que semear pânico na mente desses filhos de Deus. Exagerem, amplifiquem, extrapolem. Façam com que acordem no meio da noite. Melhor ainda, vocês devem mantê-los acordados, não lhes deem descanso. E devem induzi-los a presumir o pior. Instiguem-os a pensar que não há nenhuma saída, nenhuma solução, nenhuma esperança".

Caso espiasse outra sala pela fresta da porta (o que também não é recomendado), ouviria demônios subalternos recitando o manifesto do terror:

Ninguém jamais me socorrerá!
Está tudo perdido!

---

[4] "Americans say they are more anxious than a year ago; Baby Boomers report greatest increase in anxiety". *American Psychiatric Association*, 6 maio 2018. Disponível em: https://www.psychiatry.org/newsroom/news-releases/americans-say-they-are-more-anxious-than-a-year-ago-baby-boomers-report-greatest-increase-in-anxiety. "Este ano, o índice nacional de ansiedade (obtido por meio da média de pontuação em uma escala de 0-100) alcançou 51, um aumento de cinco pontos desde 2017. O índice de ansiedade subiu em todas as faixas etárias, em todos os grupos étnicos e entre homens e mulheres. Dentre as gerações, os *millenials* continuam mais ansiosos que a geração X ou os *baby boomers*. Todavia, o índice entre os *baby boomers* foi o que teve o maior aumento: sete pontos entre 2017 e 2018."

Estão todos contra mim!
Jamais me livrarei desse problema!

Esses demônios têm um único trabalho de conclusão de curso: instigar temores que nos façam roer as unhas, perder o sono, esmorecer na fé.

Eles estão sussurrando no seu ouvido?

Nossa sociedade atolada em estresse tem desenvolvido vários instrumentos para lidar com a ansiedade — por exemplo, exercícios de respiração, técnicas de meditação, remédios e palestras. Embora sejam ferramentas úteis, aqueles que desfrutam a companhia do Espírito Santo têm acesso ao maior de todos os recursos. Busque o auxílio do Espírito. A próxima vez que perceber uma grande onda de ansiedade se aproximando, vá imediatamente adorar o Espírito Santo.

Conforme escreveu o apóstolo Paulo:

> Não se embriaguem com vinho, que leva à libertinagem. Antes, estejam cheios do Espírito, falando uns com os outros com salmos, hinos e cânticos espirituais. Cantem e toquem músicas de todo o coração ao Senhor, sempre agradecendo a Deus, o Pai, por todas as coisas, em nome de nosso Senhor Jesus Cristo. (Efésios 5.18-20, NIV)

O apóstolo compara duas estratégias para lidarmos com o caos interior: embriaguez ou celebração. Muitos se entorpecem, se não com bebida alcoólica, com longas jornadas de trabalho, compras impulsivas ou videogames. Todos que tentaram essa estratégia sabem que não funciona. *Happy hour* não traz felicidade. Talvez traga um breve momento de alívio dos problemas, porém eles estarão nos esperando assim que sairmos do bar.

A próxima vez que perceber uma grande onda de ansiedade se aproximando, vá imediatamente adorar o Espírito Santo.

Uma solução melhor é celebração, isto é, encher a mente de "salmos, hinos e canções espirituais" (Efésios 5.19, NCV). A conjugação verbal que Paulo utiliza nessa passagem fez com que alguns a traduzissem da seguinte forma: "esteja sempre cheio e embriagado com o Espírito [Santo]".[5]

Adorar de forma contínua remove o entulho do coração. Louvar é o elemento purificador que põe para fora todo o lixo da preocupação e da ansiedade.

Paulo e Silas são bons exemplos dessa prática. Ambos foram arrastados perante o tribunal romano de Filipos e açoitados com varas. Depois de sofrerem lacerações, vergões, contusões e possivelmente algumas costelas quebradas, foram lançados em algum calabouço gelado, úmido e infestado de ratos. Para evitar que escapassem e, ao mesmo tempo, aumentar seu sofrimento, foram presos pelos pés em um tronco (Atos 16.24).

E ali permaneceram desde a tarde até a madrugada em uma terra estranha, sem ninguém para defendê-los, com as costas dilaceradas, cercados de escuridão, gelados de frio, sem poder se mexer e a centenas de quilômetros de casa. E qual foi a reação deles?

> Por volta da meia-noite, Paulo e Silas estavam orando e cantando com muito vigor um hino a Deus. Os outros prisioneiros não conseguiam acreditar no que ouviam. De repente, sem nenhum aviso, houve um grande terremoto! A cadeia inteira estremeceu, todas as portas se abriram e os prisioneiros foram libertados. (Atos 16.25-26, The Message)

---

[5] Amplified Bible, Classic Edition.

Ah, se eu pudesse ter ouvido aquele hino! Esses dois cantaram com tanto entusiasmo, a ponto de os demais prisioneiros os ouvirem. Paulo e Silas não sabiam o que aconteceria. Não tinham em mãos o capítulo de Atos 16. Não sabiam se conseguiriam libertar-se, porém confiavam plenamente em seu libertador. E você também pode fazer o mesmo.

Em vez de entrar em pânico, pode decidir louvar a Deus.

> Adorar de forma contínua remove o entulho do coração. Louvar é o elemento purificador que põe para fora todo o lixo da preocupação e da ansiedade.

Se os demônios vierem sussurrar mentiras em seu ouvido, não preste atenção. Se vierem com sementes de dúvidas e derrotas, ordene que calem a boca, pois você tem mais autoridade que Lúcifer e seus comparsas. Afinal, seu exemplo de vida é Jesus Cristo, que, diante da tempestade, "repreendeu o vento e disse ao mar: 'Acalme-se!'. E o vento cessou e houve grande calmaria" (Marcos 4.39, NKJV).

Em outra passagem, um demônio se apossou de um homem na sinagoga e Jesus o repreendeu, dizendo: "Cala-te e sai desse homem!" (Marcos 1.25, NKJV).

Faça como Jesus. O Espírito Santo concederá a você o poder necessário. Você só precisa utilizá-lo. Diante de uma tempestade de medo, ordene que se acalme. Diante da aproximação de Satanás, ordene que se cale. Permaneça firme contra as forças do inferno, pois "Deus não nos deu um espírito de medo, mas de poder, de amor e de uma mente sadia" (2Timóteo 1.7, NKJV).

Deixe-me mostrar como funciona. É meia-noite e você está tentando dormir desde as 22h, mas sem sucesso. Você tem uma reunião importante pela manhã, portanto é muito necessário descansar. Você tenta algumas estratégias para adormecer: acalmar a respiração, contar ovelhinhas e ouvir um sermão do Lucado, mas nada funciona. Sua mente simplesmente se recusa a desligar.

A essa altura, você começa a imaginar o pior. "Não vou me lembrar das minhas anotações", "Vou esquecer o nome dos participantes". Seus pensamentos começam a formar uma espiral descendente que arrasta você cada vez mais para baixo até o fundo do poço. Você se revira na cama, ajeita o travesseiro, mas nada de pegar no sono. Seu antigo eu passaria a noite inteira olhando para o teto. Entretanto, uma nova pessoa começou a se formar em seu íntimo, uma pessoa cheia do Espírito Santo, uma pessoa que já não encara mais os desafios da vida sozinho, mas alguém que, ao primeiro sinal de problemas, volta-se rapidamente para a adoração.

Nesse momento, você se levanta da cama e procura um lugar tranquilo para abrir sua Bíblia e orar. Você abre o texto em alguma passagem que promete a paz do Espírito Santo:

> DEUS veio ao meu encontro,
> ele me libertou de temores angustiosos [...]
> Quando eu estava desesperado, gritei,
> e DEUS me tirou de um apuro.
> O anjo de DEUS faz um círculo de proteção em volta de nós enquanto oramos.
> (Salmos 34.4-7, The Message)

Em seguida, escolhe sua música predileta para cantar ou para ouvir — talvez ambos. Caso não seja suficiente, escolhe outra música. E começa a orar mais uma vez, a orar no Espírito. E o Espírito ora em você, então você entrega o dia de amanhã nas mãos de seu Deus amoroso. Para garantir que Satanás saiba que fracassou, você lhe ordena que o deixe em paz. *Fique sabendo que eu pertenço a Jesus Cristo, portanto saia já daqui.*

Agora o demônio não tem escolha, vai ter que dar no pé, e é exatamente isso que ele que faz.

Será que agora você conseguirá adormecer? Provavelmente. Caso contrário, continue orando.

O Espírito Santo fará por você o que minha filha fez por meu neto. Era um dia importante para nosso pequeno Max: seu primeiro corte de cabelo. Estávamos muito empolgados, exceto Max, cujos 16 meses de vida ainda não o haviam preparado para aquele momento. Para ele, não fazia a mínima diferença que a cadeira fosse a miniatura de um carro de bombeiro, que ganharia um chocolate ao final ou o fato de haverem colocado um desenho animado para ele assistir. Tudo que ele via era uma mulher desconhecida se aproximando com uma tesoura.

Max começou a chorar. Seu pai tentou consolá-lo, sua avó tentou consolá-lo. Até eu tentei, ao comentar que algum dia ele desejará ter algum cabelo para cortar. Não fez a menor diferença. Nesse momento, entra em cena sua mamãe. Ela se abaixou e sussurrou alguma coisa em seu ouvido, que ninguém mais conseguiu ouvir. Ele ainda permaneceu de mau humor, mas se acalmou o suficiente para enfrentar o desafio.

O Espírito, o coração materno de Deus, também acalmará você. Sim, o mesmo Espírito que acalmou a criação e desceu em forma de pomba. Portanto, respire fundo e descanse. O Espírito de Deus está aqui para ajudar você.

CAPÍTULO 7

COMO OUVIR A DEUS

O Espírito como uma coluna de nuvem e de fogo

Em tua grande misericórdia, não os abandonou [os israelitas] para morrer no deserto! A coluna de nuvem os guiava dia após dia e a coluna de fogo mostrava o caminho durante a noite. Tu enviaste o teu bom Espírito para instruí-los e não deixaste de lhes dar pão do céu ou água para matarem a sede.

(Neemias 9.19-20, TLB)

Porei o meu Espírito em vocês e os persuadirei a obedecer aos meus decretos e a cumprir fielmente as minhas leis.

(Ezequiel 36.27, NIV)

Tenho um amigo apaixonado pelo Jogo da Vida. Para a decepção dele, eu jamais havia ouvido falar desse jogo. Depois de fazer uma cara tipo "de que planeta você veio", ele começou a descrever o que acredita ser o melhor jogo de tabuleiro do mundo.

Em essência, esse jogo traz um caminho que percorre uma série de casas ou posições. Vem acompanhado de um maço de cartões, uma roleta e várias pecinhas de plástico, incluindo carrinhos, pinos, montanhas, prédios e pontes. Depois de girar a roleta, os jogadores avançam determinado número de casas. Cada casa instrui o jogador a fazer uma escolha. (Ou seria o cartão que instrui a avançar as casas?) De todo modo, a coisa toda gira em torno de tomar decisões em cada rodada. Faculdade ou trabalho? Fazer um empréstimo ou comprar alguma coisa?

— Comer um hambúrguer ou um espaguete? — brinquei, mas ele não achou graça nenhuma.

— O objetivo é entender que nossas decisões trazem consequências — explicou. — Faça um teste. O jogo foi produzido por...

— Sim, eu conheço o inventor do jogo — interrompi.

— Sério?

— Sim, falei com ele hoje de manhã.

— Você falou com o inventor do Jogo da Vida?

— Sim, falei com ele em oração.

Meu amigo continuou indiferente ao meu gracejo, mas eu estava certo.

A vida é, de acordo com o plano de Deus, uma sequência de decisões. Ir ou ficar? Pegar ou largar? Amarrar ou soltar?

Grandes ou pequenas, tomamos decisões todos os dias. Cada escolha que fazemos se torna parte de nossa vida. Consequentemente, o ato de decidir esgota nossa energia e traz ansiedade. E se eu fizer uma escolha errada? E se seguir para o sul quando deveria ir para o norte?

O que fazer em situações assim? Uma vez que cada escolha traz consequências, como escolher bem? A Bíblia nos traz uma promessa muito encorajadora a esse respeito: o Espírito Santo pode nos orientar. "Ele me guia pelos caminhos da justiça por amor ao seu nome" (Salmos 23.3).

Deus, nosso Bom Pastor, não apenas nos apascenta, como também nos guia. Ele faz mais que nos corrigir: ele nos direciona e nos mantém no caminho. Deus encarregou o Espírito Santo de nos guiar pela estrada sinuosa da vida.

Um exemplo vívido dessa promessa transparece na saga dos hebreus, que passaram a vida inteira confinados em uma pequena nação chamada Egito, sem jamais cruzar a fronteira. De repente, após uma sequência turbulenta de acontecimentos, faraó os libertou. Depois de séculos de escravidão, viram-se diante de um futuro novo. O mar Vermelho se abriu e a terra prometida despontou no horizonte. Restava apenas tomar posse. Mas eles eram peregrinos de primeira viagem. Jamais haviam saído do lugar em que nasceram. Não havia a menor chance de sobreviverem por conta própria. Por essa razão:

> O SENHOR seguia adiante deles em uma coluna de nuvem para guiá-los no caminho e de noite em uma coluna de fogo. (Êxodo 13.21, NIV)

> A coluna de nuvem também se moveu da frente e se colocou atrás deles, entre o exército do Egito e Israel. (Êxodo 14.19-20, NIV)

> Em todas as viagens dos israelitas, sempre que a nuvem se erguia sobre o tabernáculo, eles seguiam viagem; mas, se a nuvem não se erguia, eles não prosseguiam até que se erguesse. (Êxodo 40.36-37, NIV)

Você consegue imaginar a bênção desse GPS divino? Deus os orientava diariamente. Um vale ao leste, uma planície ao oeste e uma cordilheira ao norte: Em que direção seguir? Moisés e os líderes aguardavam até que a enorme coluna de nuvem se movesse, então a seguiam. Todo o estresse envolvido no processo de decisão se resumia a simplesmente levantar os olhos para o céu.

Graças ao profeta Isaías, sabemos o nome da força que operava dentro da coluna de nuvem e de fogo.

> Onde está aquele que pôs o seu Espírito Santo entre eles,
> que enviou seu glorioso braço forte à mão direita de Moisés,
> que dividiu as águas diante deles para alcançar renome eterno,
> que os conduziu através das profundezas?
> Como um cavalo em campo aberto,
> eles não tropeçaram;
> como o gado que desce à planície,
> foi-lhes dado descanso pelo Espírito do Senhor.
> Foi assim que guiaste o teu povo
> para fazer para ti um nome glorioso.
> (Isaías 63.11-14, NIV)

Quem guiou esses ex-escravizados na travessia do mar Vermelho e do deserto? O Espírito Santo. Quem guia os filhos de

Deus hoje? O Espírito Santo! Nós temos o mesmo guia que os hebreus, exceto o maná.

Jesus nos entregou esta certeza: "Quando ele, o Espírito da verdade, vier, os guiará a toda a verdade" (João 16.13, NIV). Mas como aprender a segui-lo? Por que algumas vezes não conseguimos prestar atenção a ele? Como podemos ser guiados pelo Espírito?

Em uma resposta clara e direta, assim:

> Não copiem o comportamento e os costumes deste mundo, mas deixem que Deus os transforme em uma nova pessoa por meio de uma mudança na forma como vocês pensam. *Então aprenderão a conhecer a vontade de Deus para vocês*, que é boa, agradável e perfeita. (Romanos 12.2, NLT, grifo nosso)

A vontade de Deus para você é "boa, agradável e perfeita". Para conhecê-la, você não pode copiar o "comportamento e os costumes deste mundo". A voz de Deus deve sobrepujar as vozes da sociedade. Deus deseja que sejamos diferentes, mas não no sentido de excêntricos ou esquisitos. Nosso objetivo não é nos misturarmos, mas termos Deus como referência.

Deus pediu aos hebreus que não seguissem a multidão para fazer o mal (Êxodo 23.2). Seguir a multidão pode nos levar ao precipício. Basta perguntar a um grupo de pastores turcos que viram 1.500 ovelhas fazerem exatamente isso. Por alguma razão desconhecida, uma ovelha decidiu pular no precipício, seguida de uma segunda, uma terceira, uma dezena, várias dezenas. Um caos total. Não houve nada que os pastores pudessem fazer. Dos quase 1.500 animais, 450 pereceram.[1] Os demais só

---

[1] "450 turkish sheep leap to their deaths". *Associated Press*, *FoxNews*, 8 jul. 2005. Disponível em: https://www.foxnews.com/story/450-turkish-sheep-leap-to-their-deaths (atualizada em 13 jan. 2015).

não perderam a vida porque a queda foi amortecida pelos corpos dos primeiros.

Aquelas ovelhas não estavam raciocinando. Caso estivessem, talvez tenham pensado: "Que coisa idiota pular no precipício. Mas não é possível que centenas de ovelhas estejam erradas, não é?". Sim, é possível. O mesmo acontece com os seres humanos. Não copie o comportamento e os costumes deste mundo. Não podemos ouvir o Espírito se estivermos prestando atenção ao mundo. Não podemos voar como águias se estivermos seguindo ovelhas idiotas.

Não copie o comportamento e os costumes deste mundo. Não podemos ouvir o Espírito se estivermos prestando atenção ao mundo. Não podemos voar como águias se estivermos seguindo ovelhas idiotas.

Se você deseja ouvir a Deus, a primeira pergunta que tem que fazer não é "O que devo fazer?", mas "A quem devo ouvir?", "Quem manda em minha vida?". Caso a resposta seja "pessoas", você não conseguirá discernir as orientações de Deus. Caso seja "gente famosa", você não conseguirá discernir a vontade de Deus para sua vida. A essa lista, podemos acrescentar horóscopo, tarô e quiromancia. Aquele que segue as estrelas não está seguindo o Filho. "Os verdadeiros filhos de Deus são aqueles que se permitem serem guiados pelo Espírito de Deus" (Romanos 8.14, NCV).

Pare de seguir uma cultura que não segue Deus e comece a ouvir o Espírito, aquele que fala em nome de Deus.

Em meio à peregrinação pelo deserto, houve um momento magnífico. A coluna de nuvem mudou de posição. Deus instruiu Moisés a construir um tabernáculo no qual pudesse habitar.

Concluído o projeto, a coluna de nuvem que pairava sobre o povo desceu e entrou no santuário. "Então a nuvem cobriu o tabernáculo da congregação, e a glória do SENHOR encheu o tabernáculo" (Êxodo 40.34, NKJV). A presença de Deus desceu do céu e se estabeleceu entre os querubins do propiciatório que ornamentavam a arca da aliança. A partir daquele momento, Deus deixou de viver distante e passou a habitar entre seu povo.

Em minha imaginação, eu vejo uma coluna de nuvem entrelaçada com fogo descendo como um tornado e que aos poucos vai diminuindo a velocidade até cessar completamente ao se posicionar sobre o tabernáculo. Desde então, todos os filhos de Israel podiam apontar para o tabernáculo e dizer: "Deus está ali".

Com essa imagem em mente, aponte para seu coração e diga: "Deus está aqui". Um milagre invisível ocorreu no dia em que você decidiu caminhar com Jesus. O Espírito Santo desceu do céu, talvez como um ciclone cujo movimento cessou quando pairou sobre você e fez morada em seu coração. Você se tornou residência do Espírito.

Foi esta a promessa de Jesus: "O Espírito da verdade [...] vive com vocês e estará em vocês. [...] Todo aquele que me ama obedece aos meus ensinamentos. Meu Pai o amará e viremos a ele e habitaremos com ele" (João 14.17,23, NIV).

Deus transforma nosso coração em seu tabernáculo. "Vocês não sabem que são templo de Deus e que o Espírito de Deus habita em vocês?" (1Coríntios 3.16, NIV).

O Espírito de Deus habita em você. O Espírito se move em nossa vida para nos orientar. E ele faz isso por meio de duas ferramentas: o verso e a voz.

"Usem o capacete da salvação e a espada do Espírito, que é a palavra de Deus" (Efésios 6.17, NIV). A principal ferramenta de comunicação do Espírito Santo é a Bíblia. Ele fala por meio da Escritura. A vontade dele está na Palavra. "A tua palavra é lâmpada para guiar os meus pés e luz para o meu caminho" (Salmos 119.105, NLT).

A sociedade diz: seu valor depende de quanto você tem no banco.

A Escritura diz: você tem valor porque Deus criou você (Efésios 2.8-10).

A sociedade diz: faça como achar melhor. Não faz mal algum.

A Escritura diz: "Há caminhos que parecem corretos ao ser humano, mas que, ao final, conduzem à morte" (Provérbios 14.12).

A sociedade diz: se Deus existe, ele não se importa conosco.

A Escritura diz: "Pois Deus amou tanto o mundo que entregou seu único Filho" (João 3.16).

A Escritura tem respostas para tudo que enfrentamos. A Bíblia é não apenas inspiradora, mas também extremamente prática.

> A principal ferramenta de comunicação do Espírito Santo é a Bíblia. Ele fala por meio da Escritura.

Tenho um exemplo da época em que morei na América do Sul. Como missionário, não sabia se deveria pagar imposto ao governo do Brasil. Meu salário vinha dos Estados Unidos, portanto eu não estava, tecnicamente, sujeito à tributação. Entretanto, eu usava as estradas e os serviços públicos. Consequentemente, não deveria pagar imposto? Em uma pesquisa para ver o que a Bíblia tinha a dizer a respeito desse assunto peculiar ao meu caso, encontrei uma passagem muito interessante. Certa vez, Jesus disse a Pedro que, em razão de ambos serem judeus, não estavam obrigados a pagar imposto aos romanos.

> Mas não quero irritar esses cobradores de impostos. Portanto, vá ao lago pescar. Tire o primeiro peixe que pegar,

> abra a boca dele e encontrará uma moeda. Pegue-a e entregue-a aos cobradores para pagar o meu imposto e o seu. (Mateus 17.27, NCV)

Quem diria! O Espírito de Deus usando a Palavra de Deus para responder à minha dúvida. Saí correndo para pegar minha vara de pescar. Brincadeirinha. Eu já tinha a moeda; só precisava saber se deveria entregá-la.

O Espírito fornecerá orientação para você também. Em primeiro lugar, vá ao verso. Em seguida, ouça a voz.

Essa voz pode ser seu bom senso espiritual, aquela "compreensão" que resulta da interação entre a Bíblia e o Espírito. Também pode vir de outra pessoa, de um sonho ou de uma visão.

Em certa ocasião, o Espírito impediu que o apóstolo Paulo e seus colaboradores entrassem em uma cidade (Atos 16.7). Pouco depois, "Paulo teve uma visão à noite. Um homem da Macedônia estava em pé e lhe implorava, dizendo: 'Venha para a Macedônia e nos ajude!'" (Atos 16.9, NKJV). Paulo obedeceu, e lá batizou uma mulher chamada Lídia, a primeira convertida da Europa.

Em outra ocasião, os líderes da igreja de Antioquia buscaram a orientação de Deus. "Estavam todos adorando ao Senhor e jejuando por certo tempo. Nesse período, o Espírito Santo disse a eles: 'Separem-me Barnabé e Saulo para uma obra especial para a qual os escolhi'. Assim, depois de jejuar e orar, impuseram as mãos sobre Barnabé e Saulo, e os enviaram" (Atos 13.2-3, NCV).

De que maneira eles ouviram a voz do Espírito? Teria sido uma voz audível? Teria o Espírito falado por meio de um líder entre eles? Teriam as nuvens do céu se ajuntado para formar letras e palavras? Não sei.

O que sei é que o Espírito falou e continua falando.

Portanto, fale com ele, peça orientação a ele e busque a vontade dele. Em seguida, ouça e aguarde a resposta. À medida que seguimos o Espírito, começamos a discernir sua voz. Percebi que ele geralmente fala comigo por meio de meus próprios pensamentos. Não é de admirar. Afinal, ele é dono da minha mente, e meu corpo é o templo no qual ele habita. Portanto, não deveria me surpreender que a resposta dele às minhas perguntas se manifeste de uma forma que posso compreender.

"Guiado pelo Espírito" é uma expressão muito apropriada. O Espírito não nos guia como faz o boiadeiro ao conduzir sua boiada. Ao contrário, ele nos conduz com amor, como o pastor guia suas ovelhas. A Escritura se refere mais de duzentas vezes a Deus como nosso pastor! Ele está mais interessado em nos guiar que nós em segui-lo. Portanto, não se preocupe. Se você não está percebendo a orientação dele, peça mais uma vez.

"Confie no Senhor de todo o seu coração e não se apoie em seu próprio entendimento" (Provérbios 3.5, NKJV). Ele é perfeitamente capaz de guiá-lo até onde ele deseja que você vá.

Ele pode usar um cutucão, uma pontada de consciência ou uma passagem da Escritura. O Espírito fala principalmente por meio da Bíblia, mas também pode complementar a passagem com uma voz. Todavia, é possível que a passagem seja suficiente.

Não cometa o mesmo erro daquele sujeito que parou na padaria mesmo depois de ter prometido à esposa que jamais voltaria a comprar sonho. Ora, naquele mesmo dia, ele apareceu com uma sacola cheia de sonhos.

— Você não me prometeu que não ia mais passar na padaria? — disse ela, atônita.

— Prometi, sim, mas senti um desejo muito forte quando passei em frente, e então orei: *Senhor, devo comprar um sonho*? *Vou dar a volta na quadra. Se, quando eu voltar, houver uma vaga livre para estacionar, será um sinal de que devo comprar*. E, olha só, meu amor, não é que encontrei uma vaga? Ok, eu tive que dar umas dez voltas, mas encontrei.

Não manipule as circunstâncias até ouvir o que deseja.

Em primeiro lugar, leia o texto bíblico. A vontade do Espírito jamais contradiz a Palavra. Está buscando direção? Abra a Bíblia. Precisa de orientação? Abra a Bíblia. Está em uma encruzilhada difícil? Abra a Bíblia. Quando abrimos a Bíblia, Deus se abre conosco.

Verso e voz. O Espírito usa ambos para nos conduzir à terra prometida. Deus está nos chamando. Ouça-o, pois ele é o inventor do jogo da vida e está sempre disposto a nos ensinar como jogar.

CAPÍTULO 8

ALMA FLAMEJANTE

O Espírito como fogo

Eu os batizo com água; mas virá alguém mais poderoso que eu [...] Ele os batizará com o Espírito Santo e com fogo.
(Lucas 3.16, NRSV)

Brad Haugh ainda se lembra do som de seu batimento cardíaco. Seu coração trovejava no peito a 200 batidas por minuto. Com um incêndio atrás e o cimo de um monte na frente dele, esse bombeiro paraquedista precisava de toda energia que seu coração pudesse entregar para salvar a própria vida.

Brad era um dos 49 bombeiros presos em um incêndio no alto de uma montanha chamada Storm King, situada a 11 quilômetros ao oeste de Glenwood Springs, no Colorado. Desse grupamento, 14 já haviam perecido em meio a labaredas de até 30 metros de altura, segundo estimativas de Brad. Em dois minutos, aquela parede de fogo havia avançado 400 metros montanha acima (isso equivale a uma velocidade de quase 30 km/h).

A temperatura beirava dois mil graus, quente o suficiente para derreter todos os equipamentos abandonados pelo caminho. "Era todo mundo gritando no rádio: 'Corre! Corre!'. Eu estava a cerca de 50 metros do topo da montanha. O fogo me alcançou em questão de dez ou doze segundos. Mal deu tempo de eu chegar ao topo e me atirar ladeira abaixo, para o outro lado. Quando olhei para trás, só vi uma parede enorme de fogo."[1]

Pouquíssimas pessoas passaram pela experiência de fugir de um incêndio. Todavia, conhecemos muito bem o poder do fogo quando aquecemos mãos geladas em uma fogueira de

---

[1] JUNGER, S. *Fire*. New York: Norton, 2002, p. 43.

acampamento, quando usamos uma lamparina para iluminar a noite, quando acendemos o fogo no fogão e ficamos observando a grade de ferro aquecer a ponto de ficar vermelha. O fogo faz parte da vida. Por essa razão, quando fogo e Espírito são mencionados na mesma frase, é bom prestar atenção.

"Ele batizará vocês com o Espírito Santo e com fogo" (Mateus 3.11). É dessa forma que João Batista apresentou seu primo Jesus ao mundo. Seria de se esperar uma introdução um pouco mais, como diríamos, agradável: "Ele os batizará com bons sentimentos", ou "Ele elevará a autoestima de vocês e os fará se sentir bem", ou "Ele os ajudará a fazer amigos e a resolver conflitos". Mas batizar com o Espírito e com fogo? Foi justamente o que Jesus veio fazer.

Essas palavras ecoam uma profecia registrada no último livro do Antigo Testamento.

> Porque ele é como o fogo do ourives
> E como sabão do lavandeiro.
> Ele se sentará como um refinador e purificador de prata;
> Ele purificará os filhos de Levi,
> E os purificará como ouro e prata,
> Para que possam trazer ao Senhor
> uma oferta de justiça.
> (Malaquias 3.2-3, NKJV)

O céu chega queimando. E esse calor, conforme veremos, é benéfico ao coração.

Observe, por gentileza, que Jesus é quem traz esse fogo do Espírito Santo. "Ele os batizará." No original grego, o texto enfatiza esse papel exclusivo de Jesus por meio da expressão "ele mesmo" (*autos*). Você tem desejo de receber o Espírito? Nesse caso, busque

Cristo, receba-o como Salvador e Senhor e, então, ele "batizará" você no Espírito. Ele inundará, imergirá e mergulhará você na pessoa do Espírito. Assim como Jesus saiu ensopado do Jordão, nós saímos para o mundo encharcados do Espírito Santo. E nem mesmo um fio de cabelo é deixado de fora desse processo. Dos pés à cabeça, tudo o que somos é abençoado pelo Espírito Santo e com fogo. A alma batizada no Espírito é uma alma flamejante.

O fogo é uma reação química que libera energia em forma de luz e calor. Em um pedaço de lenha, por exemplo, essa energia foi obtida originalmente por meio da luz do sol e estocada em forma de celulose e lignina. O calor liberado por meio de outra fonte de energia (um raio ou um fósforo) converte essa celulose em gás inflamado, que, por sua vez, é expelido e se mistura ao oxigênio. Enquanto houver ar, combustível e temperatura suficiente, o fogo continuará se alastrando.

A alma batizada no Espírito é uma alma flamejante.

Não poderíamos dizer a mesma coisa a respeito do Espírito de Deus? Se permitirmos que ele faça seu trabalho, o Espírito não ficará parado, não será apagado, não se extinguirá.

Esse fogo do Espírito, porém, jamais tem a intenção de causar danos. Ao contrário, todas as coisas boas que o fogo nos proporciona podem ser consideradas bênçãos do Espírito. O fogo é uma força purificadora. Minha mãe, uma enfermeira, nos ensinou esse princípio quando éramos muito jovens. Para remover uma farpa ou perfurar um abscesso, ela usava a ponta de uma agulha aquecida por meio da chama de um fósforo. "Quero matar os germes", explicava. Essa purificação é uma propriedade do fogo.

O Espírito Santo é o purificador definitivo que vem para eliminar a corrupção do corpo. Estamos aptos a ser templos do

Espírito Santo? Precisamos da obra purificadora e santificadora do céu a fim de nos preparar para essa tarefa. Consequentemente, o Espírito não vem apenas para nos purificar, mas também para nos embelezar; não apenas para nos limpar, mas também para nos adornar.

Porém, esse fogo purificador nem sempre é agradável. Ele pode se manifestar em forma de disciplina, frustração, revés e perda. Apesar disso, o fogo do Espírito sempre é benéfico, exatamente como observamos na natureza. A Fundação Florestal Americana, uma organização não governamental, traz uma lista elencando os vários benefícios do fogo para a floresta. O fogo:

- libera sementes ou estimula o crescimento de determinadas espécies — por exemplo, o pinheiro americano;
- remove do chão árvores, folhas mortas e espécies invasoras, com o fim de favorecer o crescimento de plantas novas;
- dissipa e devolve nutrientes ao solo;
- remove árvores fracas ou doentes, abrindo espaço e dando nutrientes para árvores mais resistentes;
- mantém as árvores delgadas e espaçadas, permitindo que recebam uma quantidade maior de luz solar e, desse modo, cresçam saudáveis;
- melhora o *habitat* da vida selvagem.[2]

Sob controle, o fogo traz benefícios à vegetação. Quando Jesus nos batiza no fogo do Espírito, é para que possamos produzir frutos melhores e abundantes para ele.

---

[2] "The Good and Bad of Forest Fires". My Land Plan. *American Forest Foundation*. Disponível em: https://mylandplan.org/content/good-and-bad-forest-fires.

Receba de bom grado esse fogo depurador. Convide o Espírito para fazer esse trabalho em seu coração. "Embora exteriormente estejamos a desfalecer, interiormente estamos sendo renovados dia após dia" (2Coríntios 4.16, NIV). No porvir, seu coração terá sido depurado de toda impureza. Ciúmes? Já era. Ganância? Idem. Culpa, remorso, ansiedade, orgulho? Tudo para o lixo. Nossa vida na terra é um estágio de preparação. E a pessoa que Deus escolheu para nos preparar é o Espírito. Permita que ele trabalhe em sua vida.

Não faça com sua alma o que eu costumava fazer com minhas camisas. Em meu primeiro trabalho depois de me formar no seminário, comecei a estagiar em uma igreja em Saint Louis, no Missouri, onde dividia um apartamento com dois colegas solteiros. Como era de se esperar, nossa aptidão para as atividades domésticas deixava muito a desejar. Era obrigatório comparecermos de terno e gravata às programações da igreja. Todavia, eu tinha apenas um paletó esporte e duas camisas de manga comprida. Uma vez que meu orçamento era apertadíssimo, eu não tinha condições de lavar roupa fora de casa. Tive de aprender a lavar e passar minhas próprias camisas. Um colega observou minha lentidão para passar roupa e me mostrou um truque: passar apenas as partes visíveis. Seguindo as instruções dele, tornei-me um mestre na arte de passar apenas o colarinho e os punhos da manga. Caso me obrigassem a remover o paletó, veriam uma camisa mais amassada que uma bola de papel-alumínio.

O Espírito de Jesus não se deixa enganar por esse tipo de artimanha. Ele deseja ter acesso a cada centímetro quadrado de nossa alma. Não há nada oculto dele. Portanto, faça desta oração uma parte de seu devocional diário: "Deus, examina-me e conhece o meu coração; prova-me e conhece os meus pensamentos ansiosos. Vê se há em mim alguma coisa ruim. Guia-me pelo caminho da vida eterna" (Salmos 139.23-24, NCV).

Como um ferro de passar, o Espírito é capaz de alisar todas as partes amassadas de sua vida, para que você não tenha necessidade de escondê-las. Ele concederá a você poder para enfrentar o pecado. Muitos cristãos se identificam com estas palavras do apóstolo Paulo: "Desgraçado homem que sou! Quem me livrará deste corpo de morte?" (Romanos 7.24, ESV).

Essa confissão representa um ponto de exclamação na memória de Paulo acerca de sua vida antes de Cristo. Todos os dias eram um dia de derrota para ele. Muitas pessoas se sentem dessa maneira. Para elas, as tentações de hoje vieram para ficar. Para elas, a vida nada mais é que uma batalha contra as ventanias do fracasso e do medo. Se você também pensa assim, observe o que Paulo escreveu alguns versículos adiante. A passagem de Romanos 8 traz um testemunho de libertação. Em contraste com o capítulo anterior, aqui Paulo fala de vitória, certeza e graça. O que mudou? O capítulo 7 de Romanos representa o apóstolo vivendo sob a antiga lei (Romanos 7.9), enquanto o capítulo 8 representa sua vida sob o Espírito. Em uma breve comparação, podemos notar que o Espírito Santo é mencionado muitas mais vezes no capítulo 8 do que naquele que o precede.[3] Em outras palavras, a vitória sobre o pecado resulta da presença do Espírito de Deus em nossa vida.

Como um ferro de passar, o Espírito é capaz de alisar todas as partes amassadas de sua vida para que você não tenha necessidade de escondê-las.

[3] GREEAR, J. D. *Jesus, continued*: why the Spirit inside you is better than Jesus beside you. Grand Rapids: Zondervan, 2014, p. 26. A quantidade exata de menções ao Espírito Santo varia um pouco de uma versão para outra.

Qual desses dois capítulos de Romanos descreve sua vida? Você está vivendo na dependência do "eu" ou na dependência "dele"? "Não apaguem o fogo do Espírito" (1Tessalonicenses 5.19, ISV). Rejeitar ou resistir à orientação do Espírito equivale a apagar o fogo. Ora, o fogo é capaz de derreter até o gelo mais duro e frio do inverno. O fogo do Espírito faz a mesma coisa. Sem a presença dele, nossa tendência é endurecer. Precisamos de sua presença para descongelar nosso coração rebelde. À medida que ele vai trazendo luz para sua vida, você começa a amar as pessoas das quais costumava manter distância. Aquela atitude de preconceito e racismo já não mais permanecerá intacta debaixo do calor daquele que ama todos os seres humanos. Você, a exemplo do Espírito Santo, se sentirá atraído pelos perdidos em outros países, por aqueles que não dispõem da Bíblia em sua própria língua. Você terá muita compaixão e bondade, pois o Espírito irradiará calor por meio de você.

Talvez a maior característica do fogo seja sua energia. Esse é o segredo da corrente elétrica, que tem movimentado uma enorme quantidade de motores a carvão e servido de combustível a inúmeros fornos e fogões ao redor do mundo. O fogo queima, inflama, produz movimento.

E o Espírito? Por acaso também não nos move? "Vocês receberão poder", prometeu Jesus, "quando o Espírito Santo vier sobre vocês" (Atos 1.8, NKJV).

Deus não deseja que nos esforcemos ao máximo para fazer coisas para ele. Ao contrário, deseja que o busquemos como a fonte de nossos esforços. Não devemos primeiro fazer nosso melhor e só depois buscar a ajuda dele. Antes, devemos buscar Deus em primeiro lugar e confiar nele para fazer a obra em nós e por meio de nós, porquanto podemos "fazer tudo por meio de Cristo, que [nos] fortalece" (Filipenses 4.13, NLT).

A maior força do universo trabalhará em sua vida para trazer a você o poder de que necessita, a fim de torná-lo cada vez mais parecido com Cristo. Ele tornará você santo em um instante e o santificará cada vez mais ao longo de sua vida.

O que fazer quando o fogo interior parece diminuir? Uma das respostas mais práticas tem a ver com a importância da igreja.

Anne Graham Lotz, em seu livro sobre o Espírito Santo, comenta a respeito de um jovem universitário que voltou para casa durante as férias e foi fazer uma visita ao seu pastor. Aconchegado no escritório pastoral, esse jovem conversou a respeito da faculdade, das aulas e dos amigos. A certa altura, o pastor perguntou se ele havia encontrado uma igreja para frequentar. "Não", respondeu o jovem. "Não tenho mais necessidade de frequentar a igreja. Minha fé está firme e forte. Além disso, os estudos e as atividades tomam todo o meu tempo."

Sem dizer nada, o pastor se inclinou para frente, tirou um pedaço de lenha que queimava no centro da lareira e a separou do restante. Em seguida, recostou-se na poltrona, cruzou os braços e permaneceu calado. Depois de vários minutos, o jovem presumiu que o pastor estivesse cochilando e se levantou para ir embora.

"Pensou que eu estava cochilando, hein?", disse o pastor. "Na verdade, eu estava apenas observando aquele pedaço de lenha que tirei da fogueira. Ele queimava mais forte quando estava perto dos outros, mas agora, separado dos demais, teve seu fogo apagado. Meu jovem, você é como aquele pedaço de lenha. Se quiser que sua fé continue queimando, precisa ter comunhão com outros cristãos."[4]

A igreja está longe da perfeição. Apesar disso, ainda é a lareira que Deus usa para nos manter acesos. "Pensemos em uma

---

[4] LOTZ, A. G. *Jesus in me*: experiencing the Holy Spirit as a constant companion. Colorado Springs: Multnomah, 2019, p. 132-3.

forma de estimular uns aos outros ao amor e às boas obras, sem deixar de nos encontrar, como tem sido o hábito de alguns, mas buscando incentivar uns aos outros, ainda mais agora, que vocês veem o Dia se aproximando" (Hebreus 10.24-25, NRSV).

Há outro atributo do fogo que chama nossa atenção para o Espírito Santo. O fogo é um elemento de proteção. Pastores de ovelhas do Oriente costumavam rodear o aprisco à noite com uma barreira de fogo a fim de manter os animais selvagens a distância e o rebanho em segurança. "Eu mesmo serei um muro de fogo ao seu redor [...] e serei sua glória em seu meio" (Zacarias 2.5, NIV).

O fogo do Espírito afugenta milhares de tentações. Ele ama demais você para deixá-lo desprotegido. O mal pode ver você, mas não pode tocá-lo; pode mostrar as garras, mas não pode fincá-las em sua carne. O Espírito é uma barreira de artilharia ao seu redor, sempre protegendo você dos demônios e de suas artimanhas.

Receba a ajuda do Espírito com alegria. Ele purificará, refinará, energizará e protegerá você.

Somente ele tem poder para fazer isso.

CAPÍTULO 9

PEGADAS OLEOSAS

O Espírito como óleo da unção

Deus ungiu Jesus de Nazaré com o Espírito Santo e com poder.
(Atos 10.38, NIV)

O amor de Deus tem sido derramado em nosso coração por meio do Espírito Santo.
(Romanos 5.5, NIV)

Dias atrás, senti um aroma delicioso quando cheguei em casa. "Querida, que cheiro é esse?" Era uma fragrância estonteante. Imediatamente comecei a cheirar o ar como um labrador farejando a caça.

Minha esposa ficou impressionada. Afinal, não costumo prestar atenção a esse tipo de coisa. Para dizer a verdade, não costumo prestar atenção a quase nada. Meu poder de observação é como o de uma toupeira. Se Denalyn mudar alguma cadeira de lugar sem me avisar, eu me sentarei no espaço vago e tomarei aquele tombo. Ela até já começou a escrever um livro chamado *Casei-me com um homem das cavernas*. A área do meu cérebro que gerencia a observação de detalhes é quase inexistente. Apesar disso, naquele dia estava funcionando a pleno vapor.

— Que cheiro bom! — comentei.

Não era cheiro de comida, pois ela não estava cozinhando. Também não era perfume, pois ela não usa perfume. Era um odor que evocava um bosque em uma manhã fria de outono e, ao mesmo tempo, uma barraca de temperos na feira, talvez com uma pitada de cheirinho de mar.

— Você comprou flores? — perguntei. Ela sorriu.

— Não, comprei óleo.

Óleo? Eu conheço óleo. Afinal, sou filho de um mecânico e várias vezes troquei sozinho o óleo do carro.

— Você comprou óleo para o carro? — deixou escapar o homem das cavernas.

Ela me apresentou uma bolsa cheia de frascos pequenos contendo mirra, lavanda, cássia, nardo, canela, sândalo... como se algum mercador de rua de Jerusalém tivesse acabado de sair da nossa casa. Denalyn havia borrifado aqueles aromas pela casa inteira. Também havia espalhado um pouco em sua pele e até colocado algumas gotas em seu copo d'água.

— Coloquei na sua água também — disse ela (e o homem das cavernas não percebeu).

Denalyn estava aprendendo a respeito do uso de óleos essenciais, considerados o mais antigo produto natural para a saúde. Há milênios povos de todas as partes do mundo vêm extraindo essências a partir de ervas, flores e frutas. Ao que parece, esses óleos melhoram o sono, o descanso, a digestão, a concentração e o nível de energia. Será que é tudo isso mesmo? Não sei. Será que ajudam a compreender o poder energético do Espírito Santo? Pode apostar que sim. A unção com óleo é frequentemente um símbolo da presença do Espírito de Deus.

Lembra-se da história de Davi? "Samuel pegou o frasco de azeite que havia trazido e ungiu Davi com o óleo. E o Espírito do Senhor veio poderosamente sobre Davi daquele dia em diante" (1Samuel 16.13, NLT).

Deus ordenou a Elias: "Unja Eliseu, filho de Safate, da cidade de Abel-Meolá, para tomar seu lugar como meu profeta" (1Reis 19.16, NLT).

E a Moisés: "Vista seu irmão, Arão, e os filhos dele com essas roupas, e depois unja-os e ordene-os. Consagre-os para que possam me servir como sacerdotes. [...] Limpe o altar por meio de purificação; torne-o santo por meio da unção com óleo" (Êxodo 28.41; 29.36, NLT).

Temos também esta estrofe oferecida em adoração a Jesus: "Deus [...] derramou óleo aromático sobre tua cabeça, distinguindo-te como rei, muito acima de teus companheiros queridos" (Hebreus 1.9, The Message).

Jesus começou seu ministério com a seguinte declaração: "O Espírito do Senhor está sobre mim, porque ele me ungiu" (Lucas 4.18).

Percebeu a interação entre óleo, unção e Espírito Santo? O óleo da unção é uma metáfora para o Espírito de Deus. "Ora, é Deus que faz com que nós e vocês permaneçamos firmes em Cristo. *Ele nos ungiu*, colocou sobre nós seu selo de propriedade e pôs seu Espírito em nosso coração como garantia do que está por vir" (2Coríntios 1.21-22, NIV, ênfase acrescentada). Deus não derramou sobre você uma essência como aquelas que minha esposa tem na bolsa, mas o óleo poderoso, abundante e curativo do Espírito Santo.

Sua vida foi purificada, consagrada e esfregada com o Espírito de Deus. Não foi isso que Deus prometeu?

> Nos últimos dias acontecerá, Deus declara,
> que derramarei meu Espírito sobre toda carne.
> (Atos 2.17, ESV)

O verbo *derramar* merece atenção aqui. Deus não entrega seu Espírito de colherinha ou em um conta-gotas. Em parte alguma o texto sugere um pouquinho, uma salpicada, uma esguichada, uma gotinha. Ao contrário, somos salvos "pelo lavar [...] do Espírito Santo, que ele [Deus] *derramou* sobre nós" (Tito 3.5-6, NIV, grifo nosso).

Deus nos mergulha em si mesmo. Ele faz conosco o que ordenou a Moisés que fizesse com Arão: "Pegue o óleo da unção e derrame-o sobre a cabeça dele e unja-o" (Êxodo 29.7, ESV).

Essa ordem foi entregue por volta de 1300 a.C., época em que dois milhões de hebreus foram libertos do cativeiro egípcio. Era o nascimento de uma nação. Por meio de Moisés, Deus entregou aos israelitas instruções para todos os detalhes da vida, especialmente acerca do tabernáculo, que prenunciava o templo vindouro.

Arão e seus filhos foram escolhidos para ser sacerdotes. A ordenação deles não poderia ter sido mais pomposa. Túnicas, mitras e roupas especiais foram preparadas para a ocasião. E, encerrada a cerimônia, Deus ainda entregou esta ordem a Moisés:

> Junte as melhores especiarias: seis quilos de mirra líquida, a metade disso (ou seja, três quilos) de canela, três quilos de cana aromática e seis quilos de cássia. Pese tudo isso segundo o padrão do Lugar Santo. Também junte um galão de azeite de oliva e misture todas essas coisas em forma de perfume, a fim de preparar um azeite sagrado. Esse óleo especial deve ser aplicado a pessoas e coisas a fim de prepará-las para o serviço a Deus. (Êxodo 30.23-25, NCV)

Mostrei essa passagem à minha especialista em óleo essencial. "Denalyn", disse-lhe eu, "vamos fazer uma fórmula como essa para nós. Onde podemos encontrar seis quilos de mirra, três de canela, três de cana e seis de cássia?".

Ela me olhou com aquela cara tipo "me casei com um homem das cavernas" e explicou que só a mirra custaria em torno de três mil dólares. Nesse caso, não custava nada ao menos calcular o volume total. Convertemos as medidas bíblicas para litros e chegamos ao equivalente a 22,7 litros, pouco mais que um daqueles galões azuis de 20 litros de água que a gente vê em bebedouros. Não era pouca coisa.

Moisés recebeu uma ordem para derramar esse óleo sobre os utensílios do tabernáculo, a fim de que fossem "encharcados em santidade" (Êxodo 30.29, The Message).

Em seguida, chegou a vez de ungir Arão e seus filhos. "O óleo da unção [...] [foi] derramado sobre a cabeça de Arão [...] desceu por sua barba e escorreu até a orla de seu manto" (Salmos 133.2, NLT). Arão ficou ensopado! Da barba para o peito, dos cabelos para as costas, tamanha foi a quantidade que escorreu até a barra da roupa e pingou no chão. A esposa dele provavelmente sentiu aquele aroma de longe. "Oi, meu bem! Sabia que era você chegando."

Aquele óleo fez mais que perfumar Arão: era um sinal de sua função. "Unja Arão e seus filhos e consagre-os para que me sirvam como sacerdotes" (Êxodo 30.30, NIV). Ele e seus filhos foram consagrados para um propósito. Tinham sobre si o favor especial de Deus e foram investidos de uma autoridade sem igual. Você consegue imaginar como eles se sentiram?

Espero que sim, pois você tem uma unção maior que a deles. Sabe o que aconteceu no dia em que se converteu? Sim, você foi coberto de graça. Sim, a tenda da soberania de Deus foi armada sobre você. Sim, o caminho do céu se abriu. E, sim, sim, sim, você também recebeu a unção do Espírito Santo, que o consagrou para uma função santa.

> Mas vocês têm uma unção do Espírito Santo [vocês foram separados, especialmente abençoados e preparados pelo Espírito Santo], e todos vocês sabem [a verdade, pois ele nos ensina, ilumina nossa mente e nos protege do erro]. (1João 2.20, AMP)

Do ponto de vista do céu, o dom do Espírito é a maior de todas as dádivas possíveis e imagináveis. Em uma declaração surpreendente, Jesus disse aos seus seguidores que seria mais vantajoso para eles que retornasse (João 16.7), pois a partida de Jesus seria o gatilho para a vinda do Espírito. Fico imaginando a reação dos discípulos, todos com cara de interrogação. O que poderia ser melhor que a presença de Jesus? Andar com ele, fazer-lhe perguntas, ouvir seus ensinamentos, observá-lo interagindo com as pessoas. Haveria coisa melhor? Sim: o Espírito em nosso íntimo.

Jesus restringiu a si mesmo em um corpo humano. Consequentemente, só poderia estar em um único lugar de cada vez. Em contrapartida, o Espírito Santo não tem limite. Ele está em todos os lugares ao mesmo tempo. Jesus era um poder local, porém o Espírito é um poder global. Não existe lugar em que ele não esteja!

> Para onde escaparia do teu Espírito?
> Para onde fugiria da tua presença?
> Se eu subir aos céus, lá estás;
> se eu fizer minha cama nas profundezas, lá estás.
> (Salmos 139.7-8, NIV)

Deus derramou o Espírito de tal maneira sobre sua vida que você jamais encontrará um lugar em que o Espírito não esteja. Deus decretou você como alguém especial para ele. Você é uma criatura única no meio das demais. Você faz parte do sacerdócio divino (1Pedro 2.5). Deus encharcou você nele mesmo.

Deleite-se nessa bênção.

Não meça sua vida pelo diâmetro de sua cintura, pelo tamanho de sua casa, pela cor de sua pele, pela marca de sua roupa, pelos prêmios em sua estante ou pela ausência de espinhas no rosto. Você está acima de tudo isso. Você não é o quanto ganha nem quantos seguidores tem nas redes sociais. Seu valor não depende do carro que dirige ou das joias que usa. Você foi ungido pelo Espírito Santo. E essa unção mudou tudo.

Durante o verão de 1871, duas mulheres de uma congregação pastoreada por Dwight L. Moody sentiram uma forte compulsão de orar por ele, a fim de que "o Senhor concedesse a ele o batismo do Espírito Santo e de fogo". Moody sempre as via orando na primeira fileira da igreja e se irritava com elas, mas em pouco tempo mudou de atitude. Em setembro daquele ano, ele começou a orar com elas toda sexta-feira à tarde. Sentia como se seu ministério estivesse se transformando em um címbalo que não produz som. Em 24 de novembro de 1871, sua igreja foi destruída no grande incêndio de Chicago, e Moody foi a Nova York em busca de ajuda financeira. Dia e noite ele perambulava pelas ruas da cidade em seu desespero de encontrar o poder de Deus para sua vida. De repente...

> Um dia, na cidade de Nova York — e que dia! —, não sei como descrevê-lo, raramente falo sobre isso, pois é uma experiência quase sagrada demais para contar [...]. Posso apenas dizer que Deus se revelou para mim e eu experimentei de tal maneira seu amor, a ponto de pedir a ele que retirasse sua mão. Voltei a pregar novamente. Os sermões não eram diferentes e não preguei nenhuma verdade nova. Apesar disso, centenas se converteram. Hoje eu não retornaria à minha situação de antes daquela experiência abençoada nem se me dessem o mundo inteiro, pois não passaria de pó na balança.[1]

Deus oferece essa unção a todos nós. Quando você ora, prega, profetiza ou vivencia sua fé, está sendo empoderado pela presença do Espírito de Deus. Apoie-se nela. Você se cansa; o Espírito, jamais. Seu conhecimento é limitado, mas o Espírito tem sabedoria inesgotável. Você não pode ver o futuro, mas o Espírito está presente no futuro tanto quanto está presente hoje. Talvez você se sinta perdido em meio às circunstâncias, mas o Espírito jamais se espanta, se perturba ou se confunde. E, uma vez que ele está em seu íntimo, você tem um poder que jamais teria sem a presença dele.

Eu me apoiei nessa promessa alguns anos atrás, quando conversava com um amigo próximo que estava havia uma hora descrevendo sua frustração com o pai. Os dois eram sócios de um

---

1 MOODY, W. R. *The life of Dwight L. Moody*. New York: Revell, 1900, p. 149.

negócio, e o pai começou a tomar algumas decisões questionáveis. Meu amigo estava muito irritado; eu, bastante confuso. Afinal, eles não haviam tomado nenhum prejuízo nem perdido nenhuma oportunidade. Por que meu amigo estava tão irritado?

Sem saber o que dizer, decidi orar enquanto ele falava. *Senhor, o que está acontecendo aqui*? *Por que ele está tão aborrecido*?

Uma palavra me meio à mente: tristeza. *Mas é claro*, pensei comigo. "Você não está com raiva de seu pai", comentei. "Você está magoado porque ele está transferindo toda a responsabilidade do negócio para você. Na verdade, você está muito triste porque vai sentir saudades dele."

Minhas palavras o atingiram em cheio, e meu amigo começou a chorar.

Era o Espírito Santo ministrando por meu intermédio. Tudo que fiz foi crer que o Espírito estava presente e confiar que minha unção era o bastante para tratar a questão.

Faça a mesma coisa. O Espírito dará tudo de que você precisa para fazer a obra santa para a qual ele o chamou. Por que Jesus teve um ministério tão poderoso? Porque Deus lhe concedeu "o Espírito sem medida" (João 3.34, NASB). Acaso Deus não faria a mesma coisa conosco? Deus não é avarento. Ele não raciona o Espírito, não o entrega em parcelas. Por acaso, Deus é como o avarento Ebenézer Scrooge, personagem do famoso "Um conto de Natal", de Charles Dickens? Não. Deus é generoso? Sim.

A oração de Paulo pelos efésios é a vontade de Deus para você: "Peço ao Pai, em sua vasta glória, que dê a vocês o poder para *serem fortes no íntimo por meio do seu Espírito*" (Efésios 3.16, NCV, grifo nosso).

Não desperdice sua unção. Deus separou você para uma obra especial. Ele derramou seu Espírito sobre você! Receba-o. Creia nele. E deixe pegadas oleosas por onde quer que vá.

CAPÍTULO 10

A GRANDE ONDA

O Espírito como um rio de água viva

Derramarei água em uma terra sedenta,
e farei correr rios em terra seca.
Derramarei meu Espírito sobre teus filhos,
e minha bênção sobre teus descendentes.
Teus filhos brotarão como a árvore no campo,
como álamos que crescem junto às águas.
(Isaías 44.3-4, NCV)

Uma grande sombra encobre a sociedade norte-americana. A fé cristã está em declínio. Por toda parte se vê indiferença espiritual. Aquisição de bens, aumento da riqueza, consumo desmedido. É só isso que importa hoje em dia. As pessoas andam obcecadas com coisas e desconectadas de Deus. Enquanto a dependência de drogas aumenta, a participação na igreja diminui. Mesmo considerando um aumento populacional de 300% em algumas regiões nos últimos dez anos, as maiores denominações têm registrado declínio no número de membros.

Em raras ocasiões em que se fala sobre espiritualidade, o evangelho é atacado com frequência, e a autoridade da Bíblia é questionada. Está em voga o universalismo, isto é, ninguém é pecador, ninguém caminha para a perdição; todos serão salvos, de uma forma ou de outra. Castigo eterno não existe. Esse negócio de punição é uma coisa bárbara e arcaica. Não é possível que isso aí seja boas-novas.

Até parece que estou descrevendo a situação dos Estados Unidos atualmente, mas o exposto acima não é um fato novo: estou me referindo ao cenário espiritual dos norte-americanos no século 18.

Foi Francis Asbury, bispo metodista, que registrou este relatório sombrio em 1794: "[No interior dos Estados Unidos] sequer um dentre uma centena vem aqui por causa da religião, mas apenas para adquirir terras". Andrew Fulton, missionário escocês e presbiteriano em visita aos Estados Unidos, relatou que "existem poucas pessoas religiosas em todas as cidades recém-fundadas nesta colônia do Oeste".[1]

A nação estava enfrentando seca espiritual. De repente, algo maravilhoso aconteceu: uma chuva de reavivamento.

As primeiras gotas começaram a cair no Kentucky. A igreja de Cane Ridge se reunia em um templo modesto situado na encosta de uma colina alta. Seu pastor, um presbiteriano chamado Barton W. Stone, foi um dentre dezenas de líderes que oravam pedindo reavivamento. Eles se reuniam com frequência para orar e chamavam as igrejas para participar de cultos estendidos de eucaristia.

Um desses cultos ocorreu na igreja de Cane Ridge, cujo templo tinha capacidade para acomodar cerca de 500 pessoas. Antecipando a chegada de uma multidão, os líderes ergueram ao lado da igreja uma tenda enorme, a qual, em pouco tempo, também se mostrou insuficiente. Em 6 de agosto de 1801, o povo começou a chegar. Estima-se que entre 10 a 20 mil pessoas se reuniram em adoração por três dias seguidos. A encosta do monte estava repleta de gente. O povo chegava de carroça, a cavalo e a pé para ouvir pregações, louvar, participar da ceia do Senhor e experimentar renovação pessoal. Não eram poucos os que choravam, gemiam e gritavam.

De acordo com um historiador, esse encontro em Cane Ridge foi "possivelmente [...] o encontro religioso mais importante em toda a história norte-americana".[2] "Detonou a explosão da religião evangélica, que, em pouco tempo, alcançou quase todos os recantos da vida norte-americana. Por décadas a fio, todas as

---

[1] GALLI, M. "Revival at Cane Ridge". *Christian History Institute*. Disponível em: https://christianhistoryinstitute.org/magazine/article/revival-at-cane-ridge.

[2] CONKIN, P. citado em GALLI, "Revival at Cane Ridge".

orações em retiros e reuniões de avivamento pediam: 'Senhor, faça como em Cane Ridge.'"[3]

Aquele reavivamento espiritual se alastrou e houve aumento no número de participantes na igreja durante a primeira metade do século 18. Muitas reformas sociais tiveram início. Aquele despertar contribuiu diretamente para a abolição da escravidão e a defesa do direito das mulheres.[4] Era o surgimento do Segundo Grande Despertar.

Você tem o desejo de que Deus faça isso em nossa época? Eu também tenho. O cristianismo está em declínio nos Estados Unidos. O número de cristãos diminuiu 12% na última década.[5] Enquanto a fé em Deus diminui, a fé nos espíritos aumenta.[6]

Trinta por cento da geração do milênio afirmam se sentir solitários. De todas as faixas etárias pesquisadas, é o grupo que mais se sente sozinho. Não bastasse isso, cerca de 22% desse grupo afirma não ter nenhum amigo.[7] Essa fase da vida, que deveria ser marcada por otimismo e pela busca de oportunidades, tem sido caraterizada pelo isolamento.

O índice de depressão severa também está em alta. Embora esse aumento tenha sido verificado em todas as faixas etárias, está

---

3 "Mark Galli: why aren't evangelical obeying Jesus in communion & baptism?". *Black Christian News Network*, 10 jul. 2019. Disponível em: https://blackchristiannews.com/2019/07/mark-galli-why-arent-evangelicals-obeying-jesus-in-communion-baptism/.

4 "Second Great Awakening", Ohio History Central. Disponível em: https://ohiohistorycentral.org/w/Second_Great_Awakening.

5 "In U. S., decline of Christianity continues at rapid pace". *Pew Research Center*, 17 out. 2019. Disponível em: https://www.pewforum.org/2019/10/17/in-u-s-decline-of-christianity-continues-at-rapid-pace/.

6 HADHAZY, A. "Twenty startling facts about American society and culture". *Live Science*, 6 jul. 2015. Disponível em: https://www.livescience.com/51448-startling-facts-about-americanculture.html.

7 RESNICK, B. "22 percent of millenials say they have 'no friends'". *VOX*, 1º ago. 2019. Disponível em: https://www.vox.com/science-and-health/2019/8/1/20750047/millennials-pollloneliness.

subindo mais rapidamente entre adolescentes e jovens adultos.[8] De todas as estatísticas, a mais alarmante se refere ao aumento dos casos de suicídio. De acordo com dados oficiais do governo, a taxa de suicídio nos Estados Unidos é a mais alta desde a Segunda Guerra Mundial, tendo avançado 33% desde 1999.[9]

Uma amiga decidiu não ter filhos, pois não suporta a ideia do tipo de mundo que seus filhos herdariam. É uma preocupação bastante compreensível.

Apesar disso, temos esta esperança: reavivamentos podem ocorrer a qualquer momento. Na hora certa, Deus abrirá as comportas e inundará a sociedade com seu Espírito. Essa foi a promessa de Jesus.

> No último e mais importante dia da festa, Jesus se levantou e disse em voz alta: "Se alguém tem sede, venha a mim e beba. Se alguém crer em mim, de seu interior fluirão rios de água viva de seu coração, conforme afirma a Escritura". Jesus estava falando sobre o Espírito. O Espírito ainda não havia sido concedido, pois Jesus ainda não havia ascendido em glória. Mais tarde, porém, todos que cressem em Jesus receberiam o Espírito. (João 7.37-39, NCV)

Jesus falou essas palavras em Jerusalém em um dia bastante movimentado de outubro. As ruas estavam lotadas em razão da Festa dos Tabernáculos, comemoração anual que reencenava o milagre de Moisés de extrair água da pedra. Todas as manhãs, durante sete dias consecutivos, um sacerdote enchia uma jarra

---

[8] FOX, M. "Major depression on the rise among everyone, new data shows". *NBC News*, 11 maio 2018. Disponível em: https://www.nbcnews.com/health/health-news/major-depressionrise-among-everyone-new-data-shows-n873146.

[9] DUCHARME, J. "U.S. suicide rates are the highest they've been since World War II". *Time*, 20 jun. 2019. Disponível em: https://time.com/5609124/us-suicide-rate-increase/.

dourada com água e a carregava até o templo numa fila enorme de pessoas. Ao som da trombeta, o sacerdote, por meio de um funil, derramava a água na base do altar. Mais tarde, no último dia, o mais importante da festa, os sacerdotes circundavam o altar sete vezes, a exemplo de Jericó, enquanto derramavam sete jarros de água.[10]

Talvez tenha sido exatamente nesse momento que um rabino camponês do norte chamou a atenção do povo. Geralmente os mestres se sentavam para ensinar, mas Jesus se levantou. Afinal, ele tinha um convite extraordinário para entregar. "Bebam de mim", exclamou em alta voz, "e água viva fluirá de vocês!". Para que ninguém se confundisse a respeito do significado da ocasião, João (de um modo não característico) acrescenta um comentário em sua própria escritura: "Jesus estava falando sobre o Espírito Santo".

Cada palavra dessa promessa é valiosa! "Se *alguém* tem sede."[11] Em outras palavras, não importam a cor da pele, o salário ou o histórico de vida. Existe apenas uma qualificação.

"Se alguém tem *sede*", e não "se alguém é digno, qualificado, bem-treinado ou sábio". Tudo que se exige é que a pessoa confesse sua sede. E quem não teria? Adolescentes têm sede de amigos, idosos têm sede de esperança, falidos têm sede de uma nova chance, envergonhados têm sede de acolhimento. E todos os seres humanos têm sede, uma sede terrível de felicidade, de propósito, de respostas, de apoio.

"Se alguém tem sede", oferece Jesus, "venha a *mim* e beba". Mais claro que isso, impossível. No entanto, quantas vezes falhamos em compreender! Jesus se pronunciou no meio de uma ocasião extremamente religiosa. Mesmo assim, convidou: "Venha

---

[10] BOICE, J. M. *The Gospel of John*: an expositional commentary. Five volumes in one. Grand Rapids: Zondervan, 1985, p. 499.

[11] João 7.3,7, NASB, ênfase acrescentada.

a *mim*". Podemos participar de milhares de eventos religiosos e, mesmo assim, não encontrar refrigério para a alma. Nossa sede espiritual é saciada somente pelo próprio Cristo.

Uma história de C. S. Lewis pode ser útil aqui. Em sua coleção *As crônicas de Nárnia*, Lewis escreve a respeito de uma jovem chamada Jill que entra em um mundo estranho e fantástico. Depois de algum tempo perambulando, ela tem sede e avista um riacho, porém fica indecisa diante da presença de um leão. O leão pergunta se ela está com sede. Ela responde que sim, que está morrendo de sede. "Então, beba", diz o leão. Apesar disso, ela continua reticente e pede ao leão que se afaste para que possa beber, mas percebe de imediato sua audácia e muda de tática: agora ela pede ao leão que prometa não fazer nada com ela enquanto se aproxima da água. "Não prometo nada", diz o leão. Então, já com uma sede terrível, ela pergunta ao leão se ele costuma devorar meninas. "Já devorei meninos e meninas, mulheres e homens, reis e imperadores, cidades e reinos", responde o leão. Ela retruca dizendo que agora já não tem mais coragem de se aproximar da água e beber. Nesse caso, informa o leão, ela vai morrer de sede. Jill replica dizendo que vai procurar outro riacho, mas o leão lhe diz que "não há outro riacho".[12]

Cristo é a única fonte de vida.

"Venha a mim e *beba*", convida ele. Não para tomar um golinho ou fazer uma degustação, mas para tragar, sorver aos goles, refrescar-se nele, consumi-lo. Beber de Jesus é trazê-lo para as áreas secas da nossa vida. E, quando fazemos isso, "rios de água viva" fluem de nosso interior.

Quando bebemos de Jesus, o Espírito transborda. Tornamo-nos fontes de água viva para outras pessoas. Embora eu não tenha

---

[12] LEWIS, C. S. *The silver chair.* New York: Macmillan, 1953, p. 16-7.

crescido em uma fazenda, fui criado em uma região de muitas fazendas e aprendi que existem duas formas de valorizar um pedaço de terra: descobrir petróleo ou água. Fazendas atravessadas por um rio ou um riacho ou que têm um poço artesiano são referidas em anúncios de imobiliárias como propriedades em que há "água viva", locais abençoados com fluxo constante de H_2O para saciar os animais de corte e prover irrigação agrícola. A presença de água transforma um rancho seco em terra produtiva.

A presença de cristãos cheios do Espírito faz o mesmo na sociedade. Trazemos refrigério, consolo, apaziguamento. O Espírito Santo flui de nós para os lugares áridos do mundo. É assim que surgem os reavivamentos: bebemos de Cristo e transbordamos de vida.

Aconteceu ontem com minha esposa. Ela estava no supermercado quando notou uma mãe em uma cadeira de rodas empurrada por um filho adolescente. Aquela mãe parecia muito pálida e debilitada, e trazia um tubo de oxigênio preso ao nariz.

> Quando bebemos de Jesus, o Espírito transborda. Tornamo-nos fontes de água viva para outras pessoas.

Denalyn se sentiu compelida a ajudar, mas como? A resposta veio enquanto Denalyn aguardava atrás dessa mãe na fila do caixa. O Espírito Santo pediu a ela que pagasse as compras daquela mãe. "Mas é claro", comentou Denalyn mais tarde. "Não sei como não pensei nisso antes."

Aquela mãe ficou surpresa e muito agradecida. Denalyn pagou as compras e ouviu um "muito obrigado!" daquela família. Minha esposa ficou emocionada e descreveu o encontro como o momento mais importante de seu dia. (E eu pensando que o momento mais importante do dia dela era acordar ao meu lado toda manhã.) Não foi um ato forçado, mas genuíno. Não foi uma obrigação ou um fardo, mas algo que fluiu dela como água da nascente. Pegue esse pequeno exemplo e multiplique por 2,3 bilhões (o número de cristãos no mundo).[13] Suponha que cada um de nós atenda, todos os dias, à orientação do Espírito para abençoar outros por meio de atos de bondade ou palavras de estímulo. Por acaso não haveria um reavivamento em nossa época atual?

Foi o que aconteceu em 1801. O reavivamento que teve início na igreja de Cane Ridge se espalhou por todos os cantos como chuva de primavera. Igrejas começaram a crescer. Cristãos começaram a influenciar a sociedade.

Não é possível forçar, simular ou produzir reavivamento. Conforme escreveu alguém, é uma "obra estranha e soberana de Deus na qual ele visita seu povo e o restaura, o reanima e o libera na completude de sua bênção".[14] De acordo com outro autor, por meio do poder desse reavivamento, "energias imensas, até então dormentes, são despertas e irrompem em forças renovadas que havia muito vinham sendo preparadas nas profundezas".[15]

Jonathan Edwards foi um dos principais líderes do Primeiro Grande Despertar que ocorreu nos Estados Unidos no século 18. Ele afirmou que, no começo, houve poucos sermões e poucos convertidos. "Mas então Deus, de um modo extraordinário, tomou a obra em suas mãos e fez, em um ou dois dias, o que toda uma comunidade cristã em situações normais levaria, usando todos os meios ao seu dispor, e isso contando com a bênção de Deus, mais de um ano para realizar."[16]

---

[13] HACKETT, C.; McCLENDON, D. "Christians remain world's largest religious group, but they are declining in Europe". *Pew Research*, 5 abr. 2017. Disponível em: https://www.pewresearch.org/fact-tank/2017/04/05/christians-remain-worlds-largest-religious-group-but-they-are-declining-in-europe/.

[14] OLFORD, S. F. *Heart cry for revival*. Memphis: Olford Ministries, 2005, p. 18.

[15] BURNS, J. *Revivals*: their laws and leaders. London: Hodder and Stoughton, 1909, p. 19.

[16] EDWARDS, J. citado em GREEAR, J. D. *Jesus, continued*. Grand Rapids: Zondervan, 2014, p. 195.

Isso se chama "rios de água viva".

Porventura os cristãos de hoje não desejam presenciar uma obra poderosa e misteriosa de Deus no meio de seu povo?

Nesse caso, peçamos a ele. Vamos imitar a oração daquele pastor interiorano que, de tão perturbado com a situação do mundo, saiu para o quintal, fez um grande círculo no chão, posicionou-se no meio e orou: *Senhor, traga reavivamento, começando por todos que se encontram neste círculo.*

A mudança vem quando começa em mim.

Se os cristãos desejam um novo despertar, devem fazer orações do tipo: *Por favor, Senhor, derrama água viva em teus filhos. Faz com que nos tornemos fonte de vida e amor aonde quer que formos. Queremos nos tornar servos úteis.*

Um dos reavivamentos mais famosos ocorreu em Wales, no início do século 20, quando 100 mil pessoas vieram a Cristo em menos de um ano.[17]

Bares esvaziados tiveram de fechar as portas por falta de clientes. Juízes não tinham casos para julgar por falta de criminosos. Os operários das minas tiveram de treinar novamente as mulas que transportavam carvão. Afinal, muitos desses animais haviam sido treinados para responder a palavrões. Quando os operários se regeneraram, a linguagem deles também mudou, de modo que as mulas tiveram de aprender novas ordens.[18]

Que surja em nosso meio uma oportunidade para treinarmos novamente nossas mulas! Que as almas sedentas venham a Cristo e rios de água viva fluam mais uma vez!

---

[17] JENKINS, R. "The Welsh Revival". *BBC*, 16 jun. 2009. Disponível em: https://www.bbc.co.uk/religion/religions/christianity/history/welshrevival_1.shtml.

[18] "1904 Revival". *Moriah Chapel*. Disponível em: www.moriahchapel.org.uk/index.php?page=1904-revival.

CAPÍTULO 11

FALE!

O Espírito como língua de fogo

Mas como pedirão a ele para que sejam salvos se não creem nele? E como crerão nele se nunca ouviram falar dele? E como ouvirão a respeito dele se ninguém lhes falar?
(Romanos 10.14, TLB)

Então, Pedro se levantou com os Onze e se dirigiu à multidão em voz alta: "Companheiros judeus e todos que vivem em Jerusalém, deixem-me explicar isto; ouçam com atenção o que tenho a dizer [...] Arrependam-se e sejam batizados, todos vocês, em nome de Jesus Cristo, para o perdão de seus pecados. E receberão o dom do Espírito Santo. A promessa é para vocês, para seus filhos e para todos que estão longe, para todos quantos o Senhor nosso Deus chamar."
(Atos 2.14,38-39, NIV)

O que deu em Pedro?

Sete semanas antes, ele estava escondido por causa de Jesus, mas agora proclama a salvação por meio de Jesus. Havia negado Jesus horas antes da crucificação, mas agora aparece anunciando Jesus. Estava calado na véspera da Sexta-feira Santa, mas agora nós o vemos discursando.

O que aconteceu?

Pedro se acovardou na crucificação. Bastou ouvir a pergunta de uma garota para perder a compostura. Não foi o porrete de um soldado, uma intimação do Sinédrio ou uma ameaça de extradição que o amedrontou. Nada disso. Antes, uma garçonete de algum restaurante de beira de estrada ouviu o sotaque dele e perguntou se ele conhecia Jesus. Em pânico, Pedro não apenas negou o Senhor, como também soltou uma imprecação. "Então começou a amaldiçoar a si mesmo e a jurar: 'Não conheço esse homem!'" (Mateus 26.74, NCV).

Agora veja como reagiu em Pentecostes diante de milhares de pessoas: "Deus fez de Jesus, o homem que vocês pregaram na cruz, Senhor e Cristo" (Atos 2.36, NCV). Linguagem ousada, daquelas que incitam ao linchamento. A multidão que gritou "crucifica-o" poderia fazer o mesmo com Pedro.

De covarde a guerreiro em cinquenta dias. O que aconteceu?

É muito importante sabermos. Afinal, admiramos o Pedro de Pentecostes, porém nos identificamos mais com o Pedro da

Páscoa. Nossas convicções esmorecem, nossa firmeza se dissolve. Queremos ser pessoas melhores, mas falhamos miseravelmente nisso. Fazemos promessas, mas não conseguimos cumpri-las.

Observamos outros cristãos e nos perguntamos por que a vida deles parece tão frutífera, enquanto a nossa parece tão seca; por que a vida deles parece tão poderosa, e a nossa, tão fraca. Não fomos salvos pelo mesmo Cristo? Não lemos a mesma Bíblia? Não congregamos debaixo da mesma cruz? Por que alguns se parecem com o Pedro da Páscoa enquanto outros se assemelham ao Pedro de Pentecostes? Ou, mais especificamente, por que vacilamos entre um e outro a maior parte do tempo?

Jesus ofereceu uma resposta em sua mensagem de despedida quando disse a Pedro e aos demais: "Aguardem aqui para receberem a promessa do Pai, da qual lhes falei. João batizou o povo com água, mas em poucos dias vocês serão batizados com o Espírito Santo" (Atos 1.4-5, NCV).

Cento e vinte discípulos reunidos, dentre eles os apóstolos (exceto Judas), Matias (substituto de Judas), Maria (mãe de Jesus), os irmãos de Jesus (Tiago, José, Simão e Judas),[1] talvez Maria Madalena e, sem dúvida, Joana (esposa de Cuza) e Suzana. Toda essa turma andou com Jesus. Não há dúvida de que eram todos membros fundadores da Igreja de Cristo.

Jesus pediu que aguardassem em Jerusalém e eles obedeceram.

Todavia, não sabiam por quanto tempo deveriam aguardar. Um dia? Uma década? Também não sabiam pelo que deveriam aguardar. Pelo poder do Espírito Santo, é óbvio, mas de que forma, em que sentido? Será que imaginavam alguma coisa diferente?

"Quando chegou o dia de Pentecostes, estavam todos reunidos em um só lugar" (Atos 2.1, NIV). Pentecostes era uma das

---

[1] Esse Judas não é o mesmo que traiu Jesus.

três festas às quais todos os judeus homens deveriam comparecer em Jerusalém pelo menos uma vez na vida. Muitos haviam chegado mais de cinquenta dias antes para participar da Páscoa. Vieram de todos os lugares do mundo conhecido na época: judeus da Pérsia; judeus da Média, com suas barbas cacheadas e cabelo preto grosso e plissado; judeus pobres da Arábia vestindo roupas simples; judeus orgulhosos, de Roma, vestindo togas. É possível que a população de Jerusalém tivesse aumentado de 100 mil para um milhão de pessoas.[2] Dezenas de dialetos diferentes ecoavam nos mercados. Moedas de várias denominações ressoavam nos bolsos dos mercadores. A cidade de Davi era uma cacofonia de atividades.

O cronograma divino é sempre exato. Com o sacrifício de Cristo realizado, o túmulo vazio, a pessoa de Cristo ascendida ao trono celestial, os apóstolos reunidos em um só lugar em oração enquanto aguardavam o poder do Espírito e Jerusalém repleta de representantes de ao menos 15 nações... enfim, era chegada a hora.

> De repente, um som como de um vento muito forte veio do céu e encheu toda a casa em cujo interior estavam sentados. Eles viram o que pareciam línguas de fogo que se separaram, pousando em cada um deles. Todos ficaram cheios do Espírito Santo e começaram a falar em outras línguas, conforme o Espírito os capacitava.
>
> Havia em Jerusalém judeus tementes a Deus vindos de todas as nações debaixo do céu. Quando ouviram esse som, ajuntou-se uma multidão perplexa, pois cada um ouvia sua própria língua sendo falada. (Atos 2.2-6, NIV)

---

2 BAUCKHAM, R. (org.). *The Book of Acts in its first century setting*. Grand Rapids: Eerdmans, 1995. vol. 4: *The Book of Acts in its Palestinian Setting*, p. 260.

O Espírito veio "do céu" e "de repente" (v. 2). Não há nenhuma dúvida a respeito do lugar de origem do Espírito. E o dom sobreveio à casa "em cujo interior estavam sentados" (v. 2). Talvez um lembrete sutil de que o Espírito é uma dádiva? Lucas poderia ter escrito "onde estavam orando", ou "louvando", ou "clamando a Deus", mas a ênfase está na soberania do Espírito, e não na atividade de seus seguidores.

"O que pareciam línguas de fogo" desceu, "pousando em cada um deles" (v. 3) e "Todos ficaram cheios" (v. 4). O Espírito Santo os capacitou a falar com tamanho poder, a ponto de pessoas de todas as partes do mundo ouvirem a história de Jesus "em sua própria linguagem" (v. 6).

Deve ter sido um espetáculo grandioso! André declarando a bondade de Deus em egípcio; Tomé narrando os milagres de Jesus no dialeto da Capadócia; Maria, mãe de Jesus, relatando o nascimento de Cristo a um grupo de cretenses em sua língua natal. Por um breve momento, Babel foi invertida.

Alguns cínicos acusaram os discípulos de bebuns matinais que deveriam passar por um teste de bafômetro. Outros, porém, ficaram maravilhados e se perguntavam: "O que poderia significar isso?" (v. 12, NKJV). Boa pergunta: uma cidade lotada, seguidores devotos, ventania, fogo do céu, representantes de 15 nações reunidas em um único lugar, discípulos falando como intérpretes bem-treinados das Nações Unidas. O que poderia significar tudo isso?

No mínimo, isto: em seu primeiro fruto, o Espírito produziu uma forma espetacular de comunicação. O Espírito capacitou e continua capacitando os cristãos a declararem as maravilhas de Deus por meio da linguagem nativa de seus ouvintes.

Com o tempo, o Espírito capacitaria os primeiros cristãos a curar os doentes, a liderar a igreja e até a ressuscitar os mortos e abrir as portas de prisões. Entretanto, antes de todos esses atos grandiosos, concedeu palavras poderosas de proclamação. Homens e mulheres "comuns e sem instrução" (Atos 4.13, NIV) foram capazes de falar em línguas que jamais aprenderam e impactar nações que jamais visitaram. Fogo do céu derreteu o coração gelado de aproximadamente três mil pessoas (Atos 2.41).

A vontade de Deus para a Igreja permanece a mesma.

Jesus disse aos seus discípulos: "Não se preocupem quanto ao que dizer ou como dizer, pois na hora certa vocês receberão o que dizer. Porquanto não serão vocês que falarão, mas o Espírito do Pai que falará por intermédio de vocês" (Mateus 10.19-20).

Tanto quanto sei, essa promessa não foi abolida.

Esta também não: "Mas, quando o Espírito Santo vier sobre vocês, receberão poder para testemunhar a meu respeito com grandes resultados" (Atos 1.8, TLB).

Aqui eu poderia recorrer ao exemplo de Billy Graham, filho de um criador de gado leiteiro da Carolina do Norte, que, em seu tempo de vida, falou de Cristo para mais de um bilhão de pessoas.

Também poderia citar Charles Spurgeon, pregador londrino do século 19 que expôs a Palavra de Deus de tal maneira que muitos ainda prosseguem, um século e meio depois, estudando seus sermões.

Madre Teresa, uma senhora de pequena estatura que se tornou gigante entre os grandes oradores da fé.

Eu poderia citar várias histórias dessas três lendas cristãs, mas prefiro falar a respeito de Brenda Jones.

Certo dia, Brenda, que enfrentava uma batalha contra um câncer de mama, marcou uma consulta com um cirurgião plástico para discutir procedimentos para a reconstrução dos seios. Mas, em vez de tratar desse assunto, ela fez o que sempre fazia: começou a relatar ao médico o que Jesus havia feito por ela.

Brenda perguntou se poderia contar a ele uma história. Por uma questão de cortesia, dr. Pete concordou, e ela começou a falar de sua esperança no porvir. Explicou que não queria morrer, mas que encarava a morte como uma etapa necessária para passar desta vida para a próxima.

Pete ficou intrigado. Ele havia chegado ao topo da escada profissional, mas continuava se escorando na parede errada. Pete cruzou os braços e ouviu a história de um Deus que se tornara bebê, mais tarde homem, e por fim, se sacrificou em prol da humanidade. "Ele morreu por você, doutor", completou.

Eis uma mulher doente e frágil conversando com um cirurgião — altamente qualificado e reconhecido nacionalmente — sobre o pecado e a necessidade de um salvador. Aqueles 15 minutos de conversa mudaram a vida dele para sempre. Batizei Pete pouco tempo depois, em uma piscina, num dia gelado de janeiro.

Também conheço a história de um pastor brasileiro chamado Antenor Gonçalves que, por mais de vinte anos, pastoreou uma congregação em Itu, cidade próxima de São Paulo, capital. Eu o ouvi pregar em inglês e em português, e posso dizer que é uma daquelas pessoas que a gente pode ouvir por horas a fio. Entretanto, Antenor não teria nenhuma mensagem para pregar se não fosse uma lousa fixada em uma varanda.

Todos os dias o pai de Antenor observava aquela lousa a caminho do trabalho. Sua rotina era pegar um trem para a capital pela manhã, desembarcar e andar alguns quilômetros até o escritório. Esse trajeto o obrigava a atravessar um bairro pobre da região, onde um morador havia colocado uma grande lousa em sua varanda, transformando-a em uma espécie de *outdoor* em que toda manhã escrevia um texto bíblico diferente. E toda manhã o pai de Antenor parava para ler a mensagem do dia. Pouco a pouco, aquelas palavras começaram a tocar o coração dele.

Por exemplo: "Porque Deus amou o mundo de tal maneira que deu o seu Filho unigênito, para que todo o que nele crê não pereça, mas tenha a vida eterna" (João 3.16, NAA).[3]

Esse versículo mexeu muito com ele. Certo dia, sua curiosidade — ou melhor, o Espírito — o levou a bater à porta da casa daquele morador. Conversa vai, conversa vem, o morador o convidou para um culto na igreja, e mais tarde para um grupo de estudo bíblico. Em pouco tempo, o pai de Antenor se tornou cristão.

Ainda que Antenor tivesse apenas dois anos de idade naquela ocasião, Deus usou uma lousa para entregar a mensagem que mudaria o rumo de sua infância.

Deus usou a vida de um jogador de futebol americano para mudar a minha. Mike e eu jogávamos no mesmo time em nossa época de Ensino Médio. Mais especificamente, nós nos sentávamos no mesmo banco, pois nenhum de nós era bom o suficiente para começar o jogo em campo. Eu jogava como reserva de centro; ele, como reserva de lançador. Todo jogo fazíamos exatamente o que um reserva faz: ficávamos sentados, fora do campo.

E, ainda por cima, fazendo o que todo rapaz adolescente faz — no nosso caso, era o oposto do que um garoto cristão deveria fazer.

Mike tinha uma boa desculpa, pois não era cristão. Em contrapartida, eu era, mas não estava vivendo como um.

Certo dia, Mike conheceu Pam, que, por sua vez, conhecia Cristo. Mike se apaixonou por Pam e também por Cristo.

E Mike começou a mudar. Passou a tratar as pessoas de outro modo. Estava em paz e demonstrava um contentamento sereno. Percebi essa mudança e, a princípio, eu a atribuí ao romance,

---

[3] "Porque Deus tanto amou o mundo que entregou seu único Filho para que todo aquele que nele crê não pereça, mas tenha a vida eterna" (João 3.16, NIV).

mas ele permaneceu firme mesmo depois de romper com Pam algumas vezes.

Mike falava pouco comigo a respeito de Jesus. Apesar disso, conversávamos todos os dias. O respeito dele pelos professores e a simpatia com todos que encontrava faziam dele um sermão ambulante. Alguns anos mais tarde, cinco para ser exato, o exemplo dele me deu coragem para fazer uma mudança semelhante em minha vida.

Como explicar o impacto que essas pessoas causam em outras? Uma palavra para um médico, um versículo em uma lousa, o exemplo contagiante de um amigo. Seriam essas coisas exemplos de técnicas avançadas de persuasão? Dificilmente.

Não, há apenas uma explicação. A promessa de Pentecostes. O Espírito transforma pessoas comuns em forças descomunais.

Conforme Jesus explicou: "[o Espírito Santo] convencerá o mundo do pecado" e "os guiará a toda a verdade" (João 16.8,13, NKJV). O Espírito Santo toma nossa língua de carne e a transforma em língua de fogo. A comunicação é uma prioridade para o Espírito Santo. Ele é mencionado 57 vezes no livro de Atos. Entre essas ocorrências, comunicou-se por meio de pessoas 36 vezes![4]

O Espírito transforma pessoas comuns em forças descomunais.

Será que ele pode fazer o mesmo conosco? Com você?

Cada um tem uma história de vida única. Ninguém mais passou pelas experiências que você vivenciou. Ninguém mais em toda a história do mundo andou pelos caminhos que você percorreu. Você gostaria de compartilhar sua história? Nesse caso, tenho uma sugestão: torne-se um perito em Ebenézer.

---

[4] MENZIES, R. P. *Empowered for witness*: the Spirit in Luke–Acts. London: T&T International, 2004, p. 258.

Não, não estou me referindo ao personagem Scrooge, criado por Charles Dickens. Estou me referindo ao seu álbum de recortes pessoal, ou seja, aos seus encontros pessoais com Deus, aqueles acontecimentos preciosos em sua vida que somente o Senhor poderia ter orquestrado.

O termo *Ebenézer* ocorre no contexto do povo hebraico já nos primeiros dias de sua existência como nação. Deus os havia abençoado com a libertação do Egito, uma nova identidade e uma aliança. Os hebreus viram pragas caírem sobre seus inimigos, fogo santo no céu e maná sobre a terra. Além disso, as sandálias e as roupas deles não se desgastaram. Entretanto, bastava surgir um problema qualquer para desejarem retornar ao Egito. Certa vez, chegaram ao ponto de derreter joias para fabricar um bezerro, ao qual se puseram a adorar.

Pense num povo de memória curta!

Com o passar do tempo, porém, começaram a desenvolver técnicas para se lembrarem. Uma dessas técnicas era referida como "pedra de Ebenézer" ou "pedra de ajuda". Depois de uma vitória militar particularmente fabulosa ou de um reavivamento espiritual, eles levantavam uma pedra para simbolizar a fidelidade de Deus (1Samuel 7.12). Essa Ebenézer servia como uma lembrança tangível daquilo que Deus havia feito por eles. Os israelitas usavam aquela pedra como motivação para falar a seus filhos e vizinhos a respeito da fidelidade de Deus.

Qual é sua Ebenézer?

Poucos são capazes de evangelizar como Billy Graham, de escrever como Charles Spurgeon ou de cuidar dos pobres como Madre Teresa. Entretanto, todos nós temos condições de compartilhar nossos momentos com Deus.

Certa vez, Jesus curou um homem perturbado que morava em um cemitério e se mutilava com pedras. Já liberto de tamanha aflição, desejou acompanhar Jesus, porém Cristo o impediu, dizendo: "Volte para seus amigos e lhes anuncie as grandes coisas que o Senhor fez por você e como teve misericórdia de você" (Marcos 5.19, NKJV).

Em outras palavras, mostre sua Ebenézer, fale dela para outras pessoas.

Você não se sente seguro para fazer isso? Não se preocupe. Você tem o Espírito de Deus para ajudá-lo. A essência do plano de Deus se resume a uma única estratégia: pessoas comuns relatando a história extraordinária de Jesus por meio do poder extraordinário do Espírito Santo — pessoas como Samuel Justin, um pregador despretensioso que atuava na Índia e que um dia recebeu uma visita da polícia em sua casa.

A essência do plano de Deus se resume a uma única estratégia: pessoas comuns relatando a história extraordinária de Jesus por meio do poder extraordinário do Espírito Santo.

Era uma época de grande perseguição naquele país. Os policiais lhe fizeram uma série de perguntas. Em determinado momento, um policial sacou um bloco de anotações e começou a citar vários acontecimentos recentes associados a Samuel. Em seguida, perguntou: "Quem autorizou você a fazer essas coisas?". Naquele momento ameaçador, Deus criou uma oportunidade. Samuel sacou sua Bíblia e leu a seguinte passagem: "Então Jesus se aproximou deles e disse: 'Toda autoridade no céu e na terra me foi dada'". E o policial, com toda a solenidade, anotou aquela informação a respeito daquele Jesus e de sua autoridade.

Samuel prosseguiu: "Portanto, vão e façam discípulos de todas as nações, batizando-os em nome do Pai e do Filho e do

Espírito Santo". O policial continuou anotando aquelas informações em seu bloco de notas: "ensinando-os a obedecer a tudo o que eu lhes ordenei. E certamente estou sempre com vocês até o fim dos tempos".[5]

O policial disse que levaria aquele relatório aos seus superiores para lhes informar por meio de que autoridade Samuel vinha operando. Daquele momento em diante, a polícia parou de incomodar a igreja e até lhe forneceu proteção em sua obra de espalhar as boas-novas.[6]

Esteja sempre ciente da autoridade por meio da qual você vive, caro leitor. Ore com confiança. Pregue com poder. Aconselhe como quem conhece o concílio celestial e seu Conselheiro-mor, o Espírito Santo.

---

5 Mateus 28.19-20, NIV.

6 Essa história foi utilizada com autorização do filho de Samuel Justin, o reverendo Linus Samuel Justin.

CAPÍTULO 12

NINGUÉM ME SEGURA

O Espírito como doador de dons

Quando ele subiu às alturas, levou muitos prisioneiros e concedeu dons às pessoas.
(Efésios 4.8, NCV)

Em agosto de 2005, a nação inteira assistiu, em estado de choque, à devastação de Nova Orleans pelo furacão Katrina. Quem imaginaria que ouviríamos essa notícia em nosso próprio país? "Hoje, cerca de 20 mil refugiados foram levados do *Superdome* em Nova Orleans para o *Astrodome* em Houston". Bairros inteiros cobertos por mais de cinco metros de água; moradores obrigados a subir em seus telhados, na esperança de serem resgatados por helicópteros; muitos partindo em busca de abrigo em outras cidades da região. Nova Orleans se mudou para San Antonio em forma de 12.500 refugiados.

Coincidentemente, um grande amigo meu recebeu a incumbência de administrar o centro de refugiados em que nos encontrávamos, um grande armazém situado no centro da cidade e transformado em ponto de triagem. Enquanto eu visitava o local com meu amigo Robert, me dei conta de um fato: todos os voluntários tinham uma tarefa a cumprir.

Alguns distribuíam cobertores, outros entregavam sanduíches, um grupo de médicos examinava pessoas com problemas de saúde, conselheiros e pastores consolavam pessoas que, do dia para a noite, perderam tudo. Meu amigo me entregou uma cadeira dobrável e apontou para uma longa fila de miseráveis desconsolados. "Faça alguma coisa útil", disse ele. "Ouça e ore por essa gente."

Assim eu fiz. A imagem daquele armazém me veio à mente enquanto eu revisava uma das metáforas mais inspiradoras, convincentes e controversas do Espírito Santo: doador de dons.

Parece-me que, hoje, o mundo inteiro está em estado de choque. As pessoas não sabem por que nasceram nem para onde vão. Vivemos uma época de muito conhecimento e pouca explicação. Os inimigos invisíveis do pecado e do secularismo nos deixam pasmos e confusos. Em meio a esses destroços, está a igreja, o centro de resgate de Deus que serve de abrigo aos feridos e de refúgio contra as tempestades da vida. Cada um de nós tem uma responsabilidade. Quando trabalhamos juntos, os desabrigados encontram um lar. E, nos bastidores de tudo isso, está o Espírito Santo, supervisionando toda a operação.

E ele faz isso por meio da distribuição de dons espirituais. "A cada um é concedida a manifestação do Espírito visando ao bem comum. [...] Todas essas coisas [dons espirituais] são obras do mesmo e único Espírito, e ele as distribui a cada um, conforme seu propósito" (1Coríntios 12.7,11, NIV).

O Espírito Santo é o doador de dons por excelência. Ele adorna seus filhos com habilidades sobrenaturais que glorificam a Deus, abençoam os necessitados e edificam a Igreja. Não seria uma tragédia incalculável deixar de cumprir a tarefa exclusiva que você recebeu? Essa era a opinião do apóstolo Paulo.

> Irmãos, quanto aos dons espirituais, não quero que vocês sejam ignorantes. [...] Há diversidade de dons, mas o Espírito é o mesmo. Há diferenças de ministérios, mas o Senhor é o mesmo. E há variedades de trabalho, mas é o mesmo Deus quem efetua tudo em todos. Entretanto, a manifestação do Espírito é concedida a cada um para proveito de todos". (1Coríntios 12.1,4-7, NKJV)

Cristo concede dons à sua Igreja. Para isso, utiliza o Espírito como seu distribuidor autorizado. Embora os dons sejam diversos, o objetivo é um só: o bem comum da comunidade. Os coríntios se haviam esquecido disso. Seus dons espirituais estavam causando divisão na Igreja: alguns estavam se exibindo e outros estavam com ciúmes, mas todos estavam confusos. Portanto, Paulo buscou esclarecer as coisas por meio da descrição de alguns dons.

> O Espírito Santo é o doador de dons por excelência. Ele adorna seus filhos com habilidades sobrenaturais que glorificam a Deus, abençoam os necessitados e edificam a Igreja.

> Pois a um é concedida a palavra de sabedoria por meio do Espírito; a outro, a palavra de conhecimento, pelo mesmo Espírito; a outro, fé, pelo mesmo Espírito; a outro, dons de cura, pelo mesmo Espírito; a outro, operação de milagres; a outro, profecia; a outro, discernimento de espíritos; a outro, variedade de línguas; e ainda a outro, interpretação de línguas. Entretanto, é o mesmo e único Espírito que opera todas essas coisas, distribuindo a cada um, individualmente, conforme sua vontade. (1Coríntios 12.8-11, NKJV)

Preste atenção a alguns aspectos dessas duas passagens acima.

Nenhuma lista de dons é completa. O Novo Testamento traz pelo menos cinco listas de dons: 1Coríntios 12.8-10; 1Coríntios 12.28-30; Romanos 12.6-8; Efésios 4.11-12 e 1Pedro 4.10-11. Não era a intenção desses autores apresentar uma lista exaustiva. É possível atestar isso por meio do fato de que nenhuma lista é idêntica a outra. São meras sugestões das obras que o Espírito Santo opera.

Nem todos os dons são concedidos no momento da conversão. Se recebêssemos todos os nossos dons no momento da conversão, não haveria motivo para desejarmos "avidamente os dons do Espírito" (1Coríntios 14.1, NIV). Parte da empolgação de viver na companhia do Espírito é cultivar a expectativa de receber novas capacidades.

Dons espirituais são exatamente isso, dons. Quando o apóstolo Paulo se refere aos "dons do Espírito", quase sempre utiliza o termo grego *charisma* ou *charismata*. "*Charisma*" se refere a um dom no sentido mais literal da palavra. É algo que você recebe sem merecer e, sem dúvida nenhuma, sem ter qualquer direito sobre ele. É puramente pela graça de Deus que o Espírito concede capacidade sobrenatural aos cristãos.

Dons espirituais não são sinal de maturidade espiritual. A igreja de Corinto dispunha de todos os dons (1Coríntios 1.4-8), mas lhe faltava maturidade cristã. Seus membros se aglomeravam em torno de celebridades (1Coríntios 1.10-17; 3.1-23), toleravam imoralidades (1Coríntios 5.1-13), arrastavam uns aos outros perante tribunais seculares (1Coríntios 6.1-11), abusavam da ceia do Senhor (1Coríntios 11.17-34) e usavam o culto para se autopromover (1Coríntios 12—14). A presença de dons espirituais exige maturidade para usá-los com sabedoria.

Talentos naturais e dons espirituais nem sempre são a mesma coisa. Talentos naturais servem a propósitos pessoais, mas os dons espirituais servem a propósitos divinos. Muitas vezes um dom espiritual se refere ao uso divino que você faz de seu talento natural. Paulo, por exemplo, ensinava com muita firmeza antes de se converter. Na estrada para Damasco, Cristo exigiu aquele poder de ensinar para seus propósitos. Se você tinha o talento de gerenciar pessoas antes de seguir Cristo, provavelmente continuará gerenciando pessoas depois disso. Entretanto, também é possível que o Espírito Santo conceda a você um dom totalmente novo. Seja como for, o mais importante é o seguinte:

Dons espirituais existem para exaltar Cristo, edificar a Igreja e abençoar os necessitados. Esses dons não foram entregues para uso e engrandecimento pessoal, mas para edificar a Igreja.

Outro dia, Rosie, minha neta de quatro anos, veio me contar uma novidade.

— Vovô Max, eu sei cantar em coro.

— Que bacana! — respondi. — Vamos cantar juntos?

— Não, vô — retorquiu. — Eu gosto de cantar em coro sozinha.

Algum dia ela vai descobrir que, para cantar em coro, são necessárias outras vozes. A Igreja também precisa aprender isso. O Espírito Santo concedeu a cada um de nós uma participação na magnífica canção da graça. Porém, não fomos criados para cantar sozinhos. Somente quando juntarmos nossos dons, poderemos criar músicas belíssimas. Próximo ao final de seu ministério, Paulo esmiuçou a respeito dos tipos de dons e da forma correta de usá-los.

O Espírito Santo concedeu a cada um de nós uma participação na magnífica canção da graça. Porém, não fomos criados para cantar sozinhos. Somente quando juntarmos nossos dons, poderemos criar músicas belíssimas.

Esses dons podem ser agrupados da seguinte forma:[1]

Dons de discernimento. "A um, é concedido a palavra de sabedoria por meio do Espírito; a outro, a palavra de

[1] Meu apreço a Robert Morris, por sugerir essa classificação dos dons do Espírito. Veja *The God I never knew*: how real friendship with the Holy Spirit can change your life. Colorado Springs: WaterBrook, 2011, p. 124-44.

conhecimento [...] a outro, discernimento de espíritos" (1Coríntios 12.8,10, NKJV).

Palavra de sabedoria se refere a uma mensagem de aconselhamento adequada e relevante para a ocasião. Muitos anos atrás, tive a oportunidade de participar de um congresso de pastores. Um dos palestrantes era um professor com muita experiência. Certa noite, eu jantava na mesma mesa que ele quando, de modo um tanto abrupto, esse professor chamou a atenção dos pastores mais jovens e disse: "Tenho uma palavra para vocês. Jamais sacrifiquem suas famílias no altar do ministério cristão". Dito isso, retomou seu jantar e não disse mais nada. Contudo, jamais me esqueci de tal admoestação. O Espírito Santo lhe concedeu uma palavra de sabedoria, e ele, por sua vez, nos abençoou.

O Espírito pode usar você da mesma maneira. Quando sentir que o Espírito tem uma mensagem importante para você compartilhar, compartilhe! Não presuma que as pessoas já sabem o que você tem a dizer. Deus pode muito bem usar você para transmitir uma verdade importante para o sistema de triagem da Igreja.

Palavra de conhecimento é o recebimento de uma informação que não seria possível obter exceto por meio do Espírito Santo. Jesus recebeu esse tipo de conhecimento quando comentou com a samaritana a respeito dos cinco maridos que ela já tivera e sobre o fato de o homem com quem vivia naquele momento não ser marido dela (João 4.17-18).

Nesse grupo, também podemos incluir *discernimento de espíritos* (1Coríntios 12.10, NKJV). O apóstolo Paulo demonstrou esse dom em uma cidade chamada Filipos, onde os proprietários de uma jovem escrava ganhavam muito dinheiro com as previsões dela acerca do futuro. "Paulo, muito indignado, voltou-se e disse ao espírito: 'Eu te ordeno em nome de Jesus Cristo que saia dela!'. E o espírito a deixou no mesmo instante" (Atos 16.18, NKJV).

Minha esposa tem esse espírito. Outro dia passeávamos pelo centro da cidade quando ela observou um local anunciando leitura de mãos. Ela parou, olhou para a porta e disse: "Senhor Jesus, feche esse negócio!". Nunca mais voltamos para verificar a situação do local, mas eu não aconselho ninguém a investir naquele ponto comercial.

Além da palavra de discernimento, Paulo menciona:

Dons operativos. "A outro, fé, pelo mesmo Espírito; a outro, dons de cura, pelo mesmo Espírito; a outro, operação de milagres" (1Coríntios 12.9-10, NKJV).

Dom da fé se refere a uma confiança contagiante e sobrenatural. O Espírito usa pessoas com esse dom para consolar os aflitos e abençoar os amedrontados.

Dons de cura incluem a decisão do Espírito de trazer restauração por meio da oração de seus santos. Pode ser uma cura física, emocional ou de relacionamento, mas sempre é uma restauração sobrenatural.

E, claro, o *dom de operação de milagres.* Deus pode alterar as circunstâncias, reverter os prejuízos financeiros, quebrantar o coração duro de um cônjuge ou criar brechas em uma nação hostil. Ele é um Deus milagroso que usa seus servos para realizar sua vontade.

Um terceiro tipo de dom se refere aos:

Dons declarativos. "A outro, profecia; [...] a outro, falar em línguas diferentes; e a outro ainda, interpretação de línguas" (1Coríntios 12.10, NIV).

Paulo explica o significado do dom da profecia em um capítulo mais adiante. "Aquele que profetiza fala para edificação, exortação e consolação" (1Coríntios 14.3, NKJV). *Profetizar* significa edificar e estimular. Embora o profeta possa predizer o futuro, sempre traz boas notícias. Paulo considerava esse dom o maior de todos não porque o profeta fosse mais importante que os demais, mas porque sua função é extremamente importante (1Coríntios 14.1).

Falar em línguas e *interpretar línguas* são dons fabulosos, mas controversos. O Novo Testamento traz dois tipos de falar em línguas.

O primeiro se manifestou no dia do nascimento da Igreja. Naquele dia, pessoas de pelo menos 15 nações ouviram os apóstolos se exprimindo na língua nativa da plateia. "E como os ouvimos, cada um de nós, em nossa própria língua nativa?" (Atos 2.8). Deus tem o desejo ardente de que o evangelho seja pregado em todas as línguas e está disposto a recorrer a meios sobrenaturais para que isso aconteça.

Em sua carta aos coríntios, entretanto, Paulo estava se referindo a uma manifestação diferente. "Aquele que fala em língua não fala às pessoas, mas a Deus; ninguém o entende, porquanto diz mistérios no Espírito" (1Coríntios 14.2). Trata-se de uma linguagem compreendida apenas por Deus, não pelos seres humanos (1Coríntios 14.2,28). Assim, seria necessário alguém com o dom espiritual da interpretação para explicar tal língua.

O apóstolo tinha esse dom e forneceu um vislumbre de sua vida de oração quando escreveu:

> Portanto, quando vocês orarem em sua língua de oração particular, não guardem para si mesmos a experiência. Orem pedindo compreensão e capacidade de trazer outros para essa intimidade. Se oro em línguas, meu espírito ora, mas minha mente fica inativa, e toda minha inteligência é desperdiçada. Qual é a solução, portanto? A resposta é simples. Façam ambas as coisas. Devo ser espiritualmente livre e expressivo quando oro, mas também devo estar atento e ser cuidadoso enquanto oro. (1Coríntios 14.13-15, The Message)

Paulo era capaz de fazer dois tipos de oração: orar com o espírito e orar com a mente (1Coríntios 14.15), ambas orações valiosas. De fato, o apóstolo orava em línguas com tanta frequência que, a uma igreja que apreciava esse dom, escreveu afirmando que era capaz de falar em línguas mais que todos eles (1Coríntios 14.18). Apesar disso, em se tratando de oração pública, Paulo preferia "falar cinco palavras inteligíveis [...] a dez mil palavras em língua" (1Coríntios 14.19, NKJV). Contudo, o apóstolo não proibiu uma forma em favor de outra. Antes, seu objetivo era regulamentar, e não criticar, a prática da linguagem celestial.

Gostaria de fazer uma pausa para lhe dirigir uma pergunta. Como você se sente a respeito desse assunto? Por acaso soa como algo um tanto, hum, como diria, *sobrenatural*? Deveria. Porque é! A Igreja é a manifestação sobrenatural de Deus em nosso planeta. Deus opera de uma forma muito superior à nossa. Peço que receba de bom grado essa obra misteriosa e celestial em sua igreja.

Quarenta anos de ministério me convenceram de que não temos o necessário para curar nosso mundo ferido. Podemos criar programas, treinar colaboradores e erguer templos belíssimos, mas eu trocaria tudo isso por uma única gota celestial do Espírito.

Precisamos do auxílio dele.

Uma das maiores tragédias do último século tem sido a divisão da Igreja sobre a existência dos dons espirituais para operar milagres e falar em línguas. Muitos cristãos tementes a Deus estão convencidos de que esses dons poderosos foram descontinuados após a morte dos apóstolos. Conheço bem essa linha de raciocínio. Afinal, eu também pensava assim.

Em meus primeiros dez anos de ministério, eu acreditava que o propósito desses dons mais chamativos era somente dar impulso à Igreja. Esses dons teriam sido distribuídos somente pelos apóstolos e mais tarde descontinuados quando do estabelecimento da Igreja, do encerramento das Escrituras e do falecimento dos apóstolos.

Comecei a mudar de ideia perto dos quarenta anos. *Onde está escrito que determinados dons cessariam depois do encerramento das Escrituras*? Não encontrei nenhuma passagem a esse respeito. Ao contrário, a Escritura nos estimula a buscar os dons espirituais e não proíbe o dom de falar em línguas (1Coríntios 14.1,39).

E que dizer da crença de que somente os apóstolos estavam autorizados a distribuir esses dons e de que os milagres cessaram depois da morte deles? Não existe nenhuma afirmação direta nesse sentido. Veja Ananias, que não era apóstolo e, mesmo assim, abençoou Paulo com o Espírito. Além disso, se somente os apóstolos podiam outorgar esses dons, por que o livro de Atos não menciona os apóstolos viajando de igreja em igreja e impondo as mãos sobre o máximo possível de cristãos?

Mais ainda, ninguém presume que os dons mais "mundanos" de administração e serviço, por exemplo, foram descontinuados após o falecimento dos apóstolos. Você não acha um tanto arbitrário supor que o dom da hospitalidade ainda é válido, mas o de falar em línguas não é? Paulo deixou bem claro que, em seu entendimento, os dons deveriam permanecer em uso até o retorno de Jesus: "Não falta a vocês [os coríntios] nenhum dom espiritual enquanto aguardam a revelação de nosso Senhor Jesus Cristo" (1Coríntios 1.7).

Mais convincente que tudo isso (ao menos para mim) é o fato de o Espírito Santo me haver agraciado com alguns dons que eu imaginava descontinuados. Ele curou muitas pessoas por meio de minhas orações. Perdi a conta de quantos casais foram curados de infertilidade depois de eu orar por eles. Até parece que recebi o ministério da fertilidade. Também exercito a palavra de sabedoria. Muitas vezes recebo, no meio do sermão, uma forte impressão para enfatizar algum ponto. Até já me acostumei com pessoas vindo até mim depois do culto e dizendo: "Eu me senti muito tocado com o que você disse".

Um dom muito surpreendente me foi concedido aos 64 anos, época em que passei vários meses pedindo a Jesus que me desse uma dose maior de seu Espírito. Pedi a ele que derramasse generosamente sobre mim todos os dons que ele havia determinado para mim. Durante as primeiras horas do amanhecer de um dia de verão, eu estava sentado na varanda para minhas orações matinais quando comecei a orar em linguagem celestial. De minhas profundezas, irromperam rios de palavras em estilo *staccato*. Fui tomado de um sentimento de encanto e adoração. Essa intimidade prosseguiu todas as manhãs. Na verdade, várias vezes ao dia. Posso começar a orar dessa forma a qualquer momento e interromper a qualquer momento, mas nunca tenho o desejo de fazê-lo.

Esse dom, contudo, não me torna mais importante ou especial. Não saio por aí levitando ou com o rosto brilhando. De fato, é bastante possível que o Espírito esteja me ajudando a orar em razão de minhas orações serem muito dispersas.

Nesse caso, aceito de bom grado o auxílio que ele me concede.

Também aceito com alegria este lembrete: nosso Deus habita em uma esfera sobrenatural. Coisas invisíveis e milagrosas são sua especialidade.

Nosso Deus habita em uma esfera sobrenatural. Coisas invisíveis e milagrosas são sua especialidade.

Donald Barnhouse, pastor e acadêmico respeitado, estudou no Seminário Teológico de Princeton. Doze anos depois de sua formatura, o seminário o convidou para pregar na capela do campus. Se já era difícil para ele falar em público, que dirá quando viu seu antigo professor de hebraico sentado na fileira da frente. Depois de ouvir a mensagem, esse professor parabenizou Barnhouse por sua pregação e, antes de partir, deixou-o com a seguinte mensagem:

> "Fico feliz de ver que você é um deusão. Quando meus alunos retornam, venho observar se são deusinhos ou deusões e a partir disso consigo perceber que tipo de ministério terão." Barnhouse pediu a ele que se explicasse melhor.
>
> "Bem, alguns têm um Deus pequeno e estão sempre em conflito com ele. Ele não pode fazer nenhum milagre, não sabe administrar a inspiração e a comunicação das Escrituras para nós, não intervém em favor de seu povo. Eles têm um Deus pequeno, portanto me refiro a eles como deusinhos. Outros têm um Deus grande que fala e as coisas acontecem, que edifica e as coisas permanecem em pé, que sabe como se mostrar poderoso em favor dos que o temem. Você, Donald, tem um Deus grandioso e ele abençoará seu ministério." Depois de uma breve pausa, sorriu e acrescentou: "Deus te abençoe", e foi embora.[2]

Nós temos um Deus grande. O Espírito Santo está gerenciando a igreja de uma forma extraordinária. O que aconteceria se cada cristão identificasse e aplicasse os dons que recebeu do Espírito? Se cada um de nós vivesse de acordo com as orientações e provisões do Espírito?

Acolha esta admoestação de Paulo: "Quanto aos dons espirituais, não quero que sejam ignorantes".

---

2 BARNHOUSE, D. *Romans*, citado em SWINDOLL, C. R. *The tale of the Tardy Oxcart and 1,501 other stories*. Nashville: Word Publishing, 1998, p. 233.

Que dom o Espírito concedeu a você? Deus não colocou você neste planeta para desperdiçar sua vida em tarefas que não exijam suas habilidades. "Examine com cuidado quem você é e a tarefa que recebeu e, então, mergulhe nisso" (Gálatas 6.4, The Message).

Anos atrás, ouvi uma fábula a respeito de um pai moribundo e seus três filhos. Depois de uma vida inteira dedicada à empresa, era chegada a hora de passar o negócio a um dos filhos. Mas a qual deles? Esse pai tinha um plano. Em seu leito de morte, chamou seus filhos, entregou um dólar a cada um e os incumbiu da seguinte tarefa: "Comprem alguma coisa para encher o quarto. Aquele que conseguir ocupar o maior espaço possível se tornará chefe da empresa".

Todos obedeceram às instruções. O primeiro retornou com dois fardos de feno que comprou por cinquenta centavos cada; com eles, forrou o chão inteiro. O segundo apareceu com dois travesseiros de pena, rasgou-os ao meio e encheu o quarto de penugem. Feliz, mas ainda não satisfeito, o pai se voltou para o terceiro filho e perguntou: "E você, o que fez com seu dólar?".

O garoto não tinha nada nas mãos, mas disse o seguinte: "Doei cinquenta centavos para um orfanato, vinte para uma igreja e outros vinte para uma instituição de caridade".

Um de seus irmãos, porém, objetou que ele não havia feito nada para encher o quarto. "Mas eu fiz", explicou o garoto. "Gastei os últimos dez centavos nisto aqui", e sacou do bolso uma caixa de fósforos e uma vela. Em seguida, desligou o interruptor de luz, acendeu o pavio e encheu o quarto não com feno nem com penugem, mas com a luz da vela.

Você está enchendo o seu mundo com o quê?

CAPÍTULO 13

SOPRANDO SOBRE OSSOS

O Espírito como sopro

O Espírito vivifica.
(2Coríntios 3.6, NCV)

Cursando a metade do Ensino Fundamental, faltava pouco para chegarmos à adolescência. Além de espinhas, já despontavam os primeiros sinais de pelugem. O corpo ainda parecia desajeitado. A índole carecendo de disciplina. Apesar disso, eu e mais dois garotos éramos os únicos frequentadores da nossa classe de escola dominical cujo professor havia bolado um plano para, assim supúnhamos, desenvolver nossa capacidade de liderança.

Todo domingo à noite, visitávamos idosos que não tinham condições de comparecer aos cultos matinais — os "trancafiados", conforme os chamávamos. Problemas de saúde e de idade impediam esses idosos de saírem de casa. A maioria das visitas ocorria em uma casa pequena de odor desagradável que servia de lar de repouso em um bairro bem afastado da cidade. Aquela turma parecia feliz de receber o diácono da igreja acompanhado de seus jovens discípulos. A liturgia era muito simples: fazíamos um semicírculo ao pé da cama de cada idoso, o professor apresentava uma pequena mensagem, um de nós lia uma passagem da Escritura, outro oferecia uma oração e, caso alguém pedisse, cantávamos um hino. Por fim, oferecíamos a ceia do Senhor, que consistia em uma caixa contendo biscoito de água e sal, suco de uva e copinhos.

Programão de domingo à noite para um jovem, não?

Certo dia, porém, encontramos um vovô dorminhoco. Não me lembro por que o professor não estava conosco naquele dia.

Só me lembro que alguém nos deixou em frente ao lar e que tivemos de fazer tudo sozinhos. Rapidamente dividimos as tarefas: um para orar, outro para ler a Bíblia e outro, este mesmo que vos escreve, para oferecer a ceia.

Éramos a versão protestante dos coroinhas católicos.

Tudo corria muito bem até depararmos com um senhor muito idoso deitado de costas, a boca aberta e roncando feito um trovão, embora a televisão ao lado estivesse no último volume. "Vô", chamamos. Nada. Cutucamos o ombro dele. Nada. Chacoalhamos. Nada. O vovô só roncava.

Não ocorreu a nenhum de nós chamar uma enfermeira para ajudar. Deixá-lo naquele estado também era algo inaceitável. Afinal de contas, quem ousaria se eximir de suas responsabilidades em um momento como esse?

E, assim, em meio a uma televisão que berrava e um vovozinho que trovejava, arregaçamos as mangas e cumprimos nosso dever. Oramos, lemos a Bíblia, e então chegou minha vez. Meus companheiros olharam para mim. Eu olhei para o idoso, rosto enrugado, cabelo grisalho, boca escancarada.

Naquele momento, fiz a única coisa que sabia fazer: coloquei um pedacinho de biscoito em sua boca, despejei um copinho de suco e o fiz engolir tudo. Então, viramos as costas e demos no pé. O vovô não percebeu nada.

Muitas vezes agimos da mesma forma. Nossa espiritualidade cai em sonolência. A vibração é substituída por letargia. O entusiasmo desaparece e vem o entorpecimento. Não estou me referindo a rebeldes de coração duro nem a cínicos que rejeitam a Deus. Estou falando de cristãos bem-intencionados que passam por períodos de aridez de coração ou resfriamento do amor. Em outras palavras, aquele sentimento de uma vida desconectada do relacionamento com Deus.

Talvez seja o seu caso.

Se você se sente assim, tenho uma boa notícia.

A força mais poderosa do planeta está aqui para te ajudar. "O Espírito vivifica" (João 6.63, NIV). Jesus não poderia ter declarado a missão do Espírito com mais clareza. Quando a divindade repartiu suas atribuições com relação à humanidade, o Pai escolheu prover e proteger, o Filho assumiu a salvação e o Espírito escolheu distribuir vida.

Vida! Vida boa, vigorosa, firme, alegre e cheia de esperança. Não é exatamente disso que necessitamos?

Pois é isso que o Espírito nos traz.

Quer uma prova? Ezequiel.

Esse profeta radical e ingênuo foi uma pedra no sapato de Israel durante o século 6 a.C. Ezequiel vivia batendo na mesma tecla, isto é, insistindo com os hebreus para que abandonassem os ídolos estrangeiros e se voltassem para o Deus vivo (Ezequiel 14.6), mas o povo não lhe dava ouvidos. Consequentemente, a nação foi destroçada nas mãos dos babilônios em 587 a.C.; Jerusalém foi saqueada e o templo magnífico foi destruído. Imagine a capital dos Estados Unidos em chamas e fumaça, o Capitólio em escombros, a Casa Branca incendiada. Outrora orgulhosos, os hebreus foram retirados à força de sua terra natal. Mais tarde, em seu exílio na Babilônia, clamariam: "Nossos ossos estão secos e nossa esperança desapareceu. Estamos destruídos" (Ezequiel 37.11, NCV).

Ao salmista, só restava lamentar: "Junto às águas da Babilônia nos sentamos e choramos quando nos lembramos de Sião" (Salmos 137.1). Entretanto, "Como poderíamos entoar as canções do Senhor numa terra estrangeira?" (Salmos 137.4). O exílio foi uma catástrofe.

Apesar disso, Deus tinha outros planos. Embora o povo o houvesse abandonado, Deus jamais os abandonaria. E ainda por cima lhes fez esta promessa:

> Pois eis o que farei: tirarei vocês de todas essas nações, os ajuntarei de todas as partes e os trarei de volta à sua terra. Derramarei água pura sobre vocês e os esfregarei até que estejam limpos. Darei a vocês um coração novo, porei um novo espírito em vocês. Removerei o coração de pedra que vocês têm no corpo e o trocarei por um coração de acordo com a vontade de Deus, e não de acordo com a vontade de vocês. Colocarei meu espírito em vocês e tornarei possível para vocês cumprirem o que eu digo e viverem de acordo com meus mandamentos. Vocês viverão novamente na terra que dei a seus antepassados. Vocês serão meu povo! Eu serei seu Deus! (Ezequiel 36.24-28, The Message)

Por favor, observe quem é o autor dessa missão de resgate: o Senhor! Sim, Deus resgatará, Deus ajuntará, Deus purificará e concederá ao seu povo um coração novo. Mais importante: dará a eles seu Espírito, de modo que obedeçam aos seus mandamentos.

Coisa de louco, não? Pois é, Ezequiel também pensou a mesma coisa. Consequentemente, teve de sair a campo para aprender uma lição.

> O Espírito de Deus me levantou e me pôs no meio de uma planície coberta de ossos. Ele me fez andar ao redor e no meio deles: um monte de ossos! Havia ossos espalhados por toda a planície. Ossos secos, branquejados pelo sol. (Ezequiel 37.1-2, The Message)

Vale da morte. Nada de vida, nada de crianças brincando, de casais namorando, de músicos tocando ou de dançarinos bailando. Apenas ossos e mais ossos ressecados.

> "Filho do homem", perguntou Deus a Ezequiel, "poderão esses ossos reviver?" (Ezequiel 37.3)

Excelente pergunta!

Nunca estive em um vale parecido com o que Ezequiel visitou, mas já me sentei ao lado de um passageiro que me contou como sua vida havia perdido todo o sentido. Jamais andei por um vale de ossos secos, mas já ouvi uma mãe com pensamentos suicidas descrever uma situação sombria em que não enxergava nenhuma saída. Nunca pisei em costelas e fêmures quebrados, mas conversei com um jovem cuja vida estava em frangalhos por causa de seu vício em opioides. Nunca vi um campo coberto de esqueletos, mas já testemunhei um orgulhoso sair mudo de um funeral por não saber o que dizer diante da desagradável realidade da morte. Jamais atolei os pés em pilhas de ossos, mas já observei no espelho um pastor com a fé ressecada se perguntando se seu coração endurecido poderia ser amolecido novamente.

Poderão esses ossos reviver?

Ezequiel era um grande visionário, mas não o suficiente para sugerir uma resposta. Consequentemente, devolveu a pergunta a Deus: "SENHOR soberano, só tu sabes" (Ezequiel 37.3, NIV).

O Senhor deu a ele a seguinte ordem:

> Então ele me disse: "Profetize sobre estes ossos e diga-lhes: Ossos secos, ouçam a palavra do SENHOR. Assim diz o Senhor Deus a esses ossos: Veja, farei que o sopro entre em vocês, e retornarão à vida. Colocarei tendões em vocês, e carne em seus ossos, e os cobrirei com pele, e lhes colocarei o sopro, e retornarão à vida, e saberão que eu sou o SENHOR!" (Ezequiel 37.4-6)

O profeta obedeceu. Conforme profetizava, ouviu um som alto de ossos batendo uns contra os outros e se reconectando. Tendões apareceram do nada para religar as articulações. Carne começou a se espalhar sobre aqueles esqueletos. Em seguida, foram cobertos de pele. Aquele vale de ossos se transformou em um exército de corpos. Apesar disso, não respiravam, não tinham vida. O coração não batia, os pulmões não se expandiam. Portanto, Deus pediu ao profeta que fizesse mais uma proclamação.

> Ele me disse: "Profetize ao sopro. Profetize, filho do homem, e diga ao sopro: Assim diz o SENHOR Deus: Venha dos quatro ventos, ó sopro, e sopre sobre estes mortos, para que vivam". Então, profetizei como ele me ordenou, e o sopro entrou neles, e viveram e se levantaram, um exército muitíssimo grande. (Ezequiel 37.9-10)

Separados do Espírito, até podemos ter ossos, carne e dentes, mas não temos vida. O Espírito, e somente ele, é quem traz vida. Para que ninguém diga que não entendeu, Deus encerra com chave de ouro: "E colocarei meu Espírito em vocês, e viverão, e os colocarei em sua própria terra. Então saberão que eu sou o SENHOR. Eu assim o disse e assim farei, declara o SENHOR" (Ezequiel 37.14).

Deus cumpre suas promessas. Setenta anos mais tarde, os hebreus retornaram para sua terra natal.

O que o Espírito fez no passado, fará novamente por você.

"É o Espírito que dá vida; a carne não serve para nada" (João 6.63). Esse vazio que você sente, essa sensação de falta de propósito, não serão preenchidos por uma casa nova, um cônjuge novo, uma profissão nova, um celular novo. Perder peso ou buscar um novo cônjuge podem trazer alguma alegria, mas aquela transformação profunda e duradoura de que você necessita? Somente o Espírito é capaz de conceder.

E ele fará!

Casamento árido? Ele pode reavivar. Profissão em decadência? Ele pode soprar novos rumos. Sonhos de juventude despedaçados? O Espírito de Deus pode rejuntar os cacos e reacender. Você se sente como um prisioneiro de guerra na Babilônia? O Espírito pode transformar cativos em um grande exército.

Não é da vontade dele que você tenha uma vida seca. Ele soprará vida em seus ossos ressecados.

Basta simplesmente você se tornar um Ezequiel.

"O quê? Me tornar um profeta?"

Não se preocupe, não estou me referindo a você trocar seu nome para Ezequiel, mudar-se para a Palestina e deixar a barba crescer até a altura do peito. Estou me referindo à sua disposição de convidar o Espírito para as áreas secas e desérticas de sua vida.

Essa história de um vale repleto de ossos secos é tão dramática que pode nos distrair de um aspecto espantoso acerca desse milagre: Ezequiel foi convidado a convidar. Deus ordenou a ele que profetizasse e, quando obedeceu (e somente quando obedeceu), o vento celestial começou a soprar.

O que teria acontecido se o profeta tivesse se recusado? E se depois de ouvir a Deus ele tivesse ido embora com algum pensamento do tipo: "Isso aí é milagre demais para mim", "Sou insignificante demais para participar de uma coisa coisas", "Deus deve ter me confundido com outra pessoa melhor, mais forte e mais santa que eu".

Ezequiel, porém, aceitou o convite.

E você?

O sopro do céu aguarda você. Proclame. Declare. Apresente seu pedido ao céu: *Espírito, eu te recebo.*

O Espírito não recorre à coerção, adulação ou violência para entrar em nossa vida. Ao contrário, ele vem quando o convidam. Então, por Deus, caro leitor, convide-o!

Parece extremamente simples? Talvez. Afinal, costumamos complicar as coisas quando falamos do Espírito. Há quem cite os sete segredos para andar no Espírito, os dez passos para receber o Espírito ou alguma dica sagrada para interagir com o Espírito Santo. Mas o Espírito de Deus não é um computador que funciona por meio de uma sequência correta de comandos. Antes, é uma pessoa a quem recebemos.

Não é esse o ponto que Jesus enfatizou durante a última ceia?

Era a primeira Páscoa — consequentemente, o primeiro culto de Páscoa da história. Jesus havia ressuscitado pela manhã e, à noite, os discípulos estavam reunidos no cenáculo, com as portas trancadas por medo de que os líderes que haviam matado Jesus viessem atrás deles também.

O Espírito de Deus não é um computador que funciona por meio de uma sequência correta de comandos. Antes, é uma pessoa a quem recebemos.

"Então Jesus veio, colocou-se no meio deles e disse: 'Paz seja com vocês!'" (João 20.19, NCV).

Seria de esperar que Jesus ficasse irritado com o acovardamento deles. Afinal, eles haviam falado com anjos, visto a pedra rolada, sentido o chão tremer como gelatina e testemunhado mortos saindo de túmulos. Não bastasse isso, alguém havia rasgado o véu do santuário. E os discípulos tremendo de medo como pintinhos desamparados!

Mas Jesus veio mesmo assim. Eles estavam trancados para se proteger, mas ninguém está a salvo do Senhor ressurreto. "Paz seja com vocês", disse Jesus três vezes nessa breve passagem (João 20.19,21,26). A primeira palavra do Jesus ressurreto aos seus discípulos foi de consolo e graça. Graça absoluta.

E a paz que ele trouxe veio acompanhada de poder. "Recebam o Espírito Santo" (João 20.21-22, NCV).

Jesus exalou e os discípulos inalaram. Cristo soprou sobre seus discípulos como Deus soprou vida sobre Adão (Gênesis 2.7). Gosto de uma versão que traduz desta forma: "[Jesus] soprou sobre eles e disse: 'Deem boas-vindas ao Espírito Santo!'" (João 20.22).[1]

Não há imposições nem pré-requisitos. Não é necessário pular obstáculos ou se arrastar na lama. Nada disso. Jesus concedeu seu Espírito da mesma forma que se entregou na cruz: como um presente absoluto e imerecido. A pergunta de Paulo aos gálatas serve para todos nós: "Vocês receberam o Espírito por meio das obras da lei ou pelo que ouviram a respeito da fé?" (Gálatas 3.2, NKJV).

Pela fé, é claro, e somente pela fé. A fé em Cristo é o receptáculo do Espírito. Os evangelhos jamais declaram algo como: "Purifique-se para que Deus possa vir até você". Ao contrário, afirma: "Receba Cristo e o Espírito purificará você".

Todavia, muitos se perguntam se há necessidade de uma segunda bênção, de alguma experiência pós-conversão a fim de receber o poder do Espírito Santo. Minha resposta é um sonoro "Sim!". E não apenas uma segunda, mas também uma terceira, e uma quarta, e uma décima, e uma centésima! Estou convicto de que recebi a unção renovada do Espírito nesta manhã, antes de me pôr a escrever este capítulo.

Aguardemos ansiosamente a promessa do Espírito Santo a todo momento, todos os dias. Ouçamos mais uma vez o mandamento de Cristo: recebam o Espírito Santo. Quer ele venha em forma de um sopro suave como na primeira Páscoa, quer venha como uma ventania como em Pentecostes, disponha-se a

---

1 BRUNER, F. D. *The Gospel of John*: A Commentary. Grand Rapids: Eerdmans, 2012, p. 1.164.

acolhê-lo. Cuidemos, porém, de evitar exigências complexas, as quais desanimam e estorvam a vida daqueles que buscam Deus. O Espírito, como a salvação, é recebido por meio da simplicidade da fé.

Não é necessário que se esforce para merecer aquilo que Deus deseja entregar de graça para você. Como diz uma mensagem encantadora de Jesus: "A vocês, pais: se um filho lhes pede um peixe, vocês lhe darão uma cobra? Ou se lhes pedir um ovo, vocês lhe darão um escorpião? É claro que não!" (Lucas 11.11-12, NLT).

Seria absurdo um pai fazer algo semelhante com seu filho. Imagine só, o pequenino pede um sanduíche e o pai responde: "Claro, meu filho, feche os olhos e estenda os braços", e então coloca uma cobra venenosa nas mãos do filho. Uma mãe ou um pai que fizesse tal coisa teria de ter sua licença de genitor cassada.

"Se vocês, pecadores, sabem dar boas coisas aos seus filhos, quanto mais seu Pai celestial dará o Espírito Santo a quem o pedir!" (Lucas 11.13, NLT).

Se nós, com nossa propensão ao egoísmo, amamos nossos filhos o suficiente para mantê-los protegidos e para lhes dar coisas boas, quanto mais Deus fará o mesmo? Na economia de Deus, o Espírito Santo é o bem maior.

O auxílio de que você necessita está aqui. Peça ao Espírito que traga poder para sua vida. Destranque as portas! Escancare os portões! Pare na soleira e diga: "Espírito, entre!". Inale o sopro que Jesus exala. Inspire fundo o poder e a presença de Deus. Faça isso hoje, e amanhã, e depois de amanhã, e para o resto da vida.

Espírito do Deus vivo, sopre.
Sopro do mais alto céu, sopre.
Sobre este mundo cansado,

Sobre nossos sonhos calcificados,
Sobre nosso corpo esquelético,
sopre, amado Espírito, para que vivamos.

Nunca mais ouvi falar do vovô roncador. Só me resta imaginar o que aquele velho Rumpelstichen pensou quando acordou com um pedaço de bolacha pastosa na língua e gosto de suco de uva na boca.

Obviamente, uma coisa é dormir no meio da ceia em um lar de idosos. Outra bem diferente é dormir no meio do relacionamento com o Espírito do Deus vivo.

Por favor, não cometa esse erro. Convide-o para soprar vida em seus ossos.

Você está cansado? Inale o Espírito. Está estressado? Inale o Espírito. O medo ameaça tomar conta de seu coração? Respire fundo e inale o sopro da vida. Pouco a pouco, um respiro após outro, e em breve você estará inalando Deus em sua vida.

O auxílio de que você necessita está aqui. Peça ao Espírito que traga poder para sua vida. Destranque as portas! Escancare os portões! Pare na soleira e diga: "Espírito, entre!".

REFLEXÕES

Por Andrea Lucado

CAPÍTULO 1

SANTO QUEM?

1. A Bíblia informa que a Trindade é formada por três pessoas: Pai, Filho e Espírito Santo. Como você descreveria cada um?

2. Como você entende o Espírito Santo? Em que você fundamenta essa compreensão? (Ensino da igreja, estudo pessoal ou outra fonte.)
   - → O que você ouviu a respeito do Espírito Santo em sua igreja ou por meio de seu pastor?
   - → Como esse ensinamento, ou a falta dele, afetou o modo como você enxerga o Espírito hoje?
   - → Que papel o Espírito Santo desempenha em sua vida?

3. Max descreveu o momento em que ouviu falar do Espírito Santo pela primeira vez. Ele ouviu que "o Espírito é seu grande amigo que conduzirá você até seu lar" (p. 17).
   - → Você concorda com essa descrição do Espírito Santo? O Espírito também se mostrou um "grande amigo" para você? Por favor, dê um exemplo.
   - → O que você mudaria ou acrescentaria a essa descrição?

4. Jesus instruiu seus discípulos a não começarem o ministério antes de receberem o Espírito Santo. Conforme lemos em Lucas 24.49: "Ainda não comecem a falar a outros, mas permaneçam aqui na cidade até o Espírito Santo vir e encher vocês de poder do céu" (TLB). O que essa passagem diz a você sobre a importância do Espírito Santo em nossa vida e em nosso ministério?

5. Preencha a lacuna: O Espírito Santo tem ______________ (p. 20).
   - → Que tipo de poder o Espírito Santo nos concede?
   - → Se você já experimentou o poder do Espírito Santo, explique como aconteceu.
   - → Como você sabia que era o poder do Espírito Santo?
   - → De que maneira você necessita do poder do Espírito em sua vida hoje?

6. Max descreve três tipos de comportamento com relação ao Espírito Santo:
   a. Os *exibicionistas*, que nos fazem sentir espiritualmente inferiores por aparentarem ter um relacionamento mais íntimo com o Espírito do que o restante de nós.
   b. Os *patrulheiros do Espírito*, que procuram controlar e delimitar o papel do Espírito em nossa vida.
   c. E os *cristãos saudáveis*, que estão abertos para o Espírito e sabem discernir sua voz.
      - ⇨ Com qual desses comportamentos você se identifica e por quê?
      - ⇨ Alguma vez você viu um exibicionista espiritual? Como essa pessoa influenciou o modo como você se sente em relação ao Espírito?

⇨ Faça uma análise de seu relacionamento com o Espírito Santo. Alguma vez você se comportou como exibicionista ou como patrulheiro?

7. A Bíblia emprega várias metáforas para descrever o Espírito Santo:
   → O Espírito Santo como *professor* (João 14.26).
   → O Espírito como *vento* de Deus (João 3.8).
   → Como nosso *intercessor* (Romanos 8.26).
   → Como *selo* celestial sobre os cristãos (Efésios 1.13).
   → Como *pomba* que desce sobre nós (Mateus 3.16).
   → Como aquele que nos *capacita* com dons espirituais (1Coríntios 12.1-11).
   → Como *rio de água viva* que flui do nosso interior (João 7.37-39).
   ⇨ Você já experimentou o Espírito por meio de alguma das opções acima? Quais?
   ⇨ Qual descrição do Espírito mais desperta sua atenção? Por quê?
   ⇨ Qual delas desperta ceticismo em você? Por quê?

8. Max propõe a seguinte pergunta: “Você tem o desejo de conhecer o Espírito Santo e de cultivar um relacionamento com ele?” (p. 22). Como você responderia a essa questão?
   → Por que você decidiu ler este livro?
   → Como você se sente a respeito da ideia de que o Espírito trouxe você para ler este livro e participar deste estudo?

CAPÍTULO 2

VENHA COMIGO

O Espírito como mestre

1. Quais são as qualidades de um bom professor?
   - → Quem foi o melhor professor que você já teve (na escola, na igreja ou em outro lugar)?
   - → Quais características faziam dessa pessoa um bom professor? Mais especificamente, de que maneira essa pessoa mudou sua vida?

2. O termo grego utilizado em João 14, 15 e 16 para se referir ao Espírito Santo é *Paracleto* (Auxiliador). Quais outras traduções podem se encaixar nesse termo e qual é a mensagem central que comunicam? (Veja p. 28)

3. Leia as passagens a seguir e sublinhe palavras ou frases que descrevem o Espírito Santo.

   João 14.16-17,26: "Eu pedirei ao Pai, e ele lhes dará outro Auxiliador [*Paracleto*], para estar com vocês para sempre, inclusive o Espírito da verdade, o qual o mundo não pode receber, pois não o vê nem o conhece. Mas vocês o conhecem, pois ele habita com vocês e viverá em vocês. [...] O Auxiliador [*Paracleto*] [...]

que o Pai enviará em meu nome, ele ensinará a vocês todas as coisas e fará com que se lembrem de tudo que eu disse a vocês".

João 15.26: "Quando vier o Auxiliador [*Paracleto*], o qual enviarei a vocês da parte do Pai, o Espírito da verdade, que procede do Pai, ele testemunhará a respeito de mim".

João 16.7-8: "[É] melhor para vocês que eu vá, pois, se eu não for, o Auxiliador [*Paracleto*] não virá até vocês. Mas, se eu for, eu o enviarei a vocês. E quando ele vier, convencerá o mundo a respeito do pecado e do julgamento".

João 16.13-14: "Quando o Espírito da verdade vier, conduzirá vocês a toda a verdade, pois não falará por sua própria autoridade, mas dirá tudo que ouvir e anunciará a vocês as coisas que estão para acontecer. Ele vai me glorificar, pois tomará do que é meu e o declarará a vocês".

→ Qual dessas descrições mais tocou você? Por favor, explique.
→ Você enxerga o Espírito da mesma forma que é descrito nessas passagens, ou seja, como seu professor, como aquele que glorifica Jesus, como aquele que convence o ser humano do pecado, como aquele que traz a verdade etc.? Sim? Não? Por favor, explique.

4. Max afirma que, de acordo com as Escrituras, o Espírito Santo não é uma coisa, mas uma pessoa divina. Por que isso é uma distinção importante?

5. Preencha a lacuna: "Entretanto, o Espírito tem uma missão maior e específica: nos ensinar a respeito de __________" (p. 31).
→ Por que precisamos que o Espírito Santo nos ensine sobre esse assunto?

- De que forma o Espírito nos ensina a respeito desse assunto?
- Alguma vez você aprendeu algo sobre Jesus com o Espírito Santo? Em caso positivo, o que aprendeu e como foi essa experiência?

6. Você está enfrentando alguma dificuldade em que poderia contar com a ajuda diária de um professor?
   - Você confia que o Espírito Santo responderá e fornecerá a orientação e a instrução de que você precisa?
   - Você já passou por esse tipo de experiência no passado? Em caso positivo, dê um exemplo.

7. Leia a história de Pedro e Cornélio em Atos 10.
   - Que papel o Espírito Santo desempenhou nessa história?
   - O que o Espírito disse a Pedro nos versículos 19-20?
   - Como Pedro reagiu?
   - O que Pedro aprendeu a respeito de Deus, de Jesus, dos judeus e dos gentios nessa passagem?
   - O que esse relato diz a você a respeito da importância do Espírito Santo para compreendermos a mensagem e o propósito de Jesus?

8. Max menciona um período estressante no início de seu ministério. “Minha impressão era que eu tinha de resolver os problemas de todo mundo, carregar o fardo de todos, e tudo isso sem jamais me cansar” (p. 35).
   - Você já se sentiu dessa forma? Talvez se sinta assim hoje. Quais fardos você vem arrastando?
   - Que revelação Max obteve a respeito do fardo da responsabilidade que pesava em suas costas?
   - O que você pode fazer para pedir a ajuda do Espírito Santo? De que forma você poderia confiar no Espírito Santo para se livrar dos fardos que vem carregando hoje?

CAPÍTULO 3

IÇANDO AS VELAS

O Espírito como vento

1. O que significa uma fé movida a remo? O que significa uma fé movida à vela? Explique a diferença entre ambas.
   - → Neste exato momento você está vivendo uma fé a remo ou uma fé à vela? Por favor, explique.
   - → Você sabe de onde vem essa sua fé a remo ou à vela? Talvez da igreja em que você cresceu, de um mentor, de alguma passagem bíblica ou de algum traço de sua própria personalidade? Por favor, explique.

2. Leia a história de Nicodemos em João 3.1-15.
   - → O que Jesus pede a Nicodemos que faça para entrar no reino de Deus (v. 3)?
   - → Qual sua opinião a respeito da resposta de Nicodemos (v. 4)?
   - → De que maneira Jesus informa que podemos nascer de novo (v. 5)?
   - → Jesus comparou o Espírito ao vento (v. 8). Em sua opinião, por que Jesus usou essa metáfora aqui?
   - → Nicodemos ficou muito confuso em sua conversa com Jesus. Você também está confuso com essa passagem? Em caso positivo, explique o motivo.

→ Essa passagem trouxe a você uma nova compreensão a respeito do Espírito Santo? Por favor, explique.
→ O que o diálogo nessa passagem comunica a respeito do Espírito Santo e de seu poder em nossa vida?

3. Max cita o teólogo Abraham Kuyper, que comparou o Espírito ao vento, no sentido de que o Espírito não se manifesta "de forma visível. Ele jamais se move para fora do vazio intangível. Suspenso, indefinido, incompreensível, ele é um mistério. Como o vento! Ouvimos seu som, mas não sabemos dizer de onde vem e para onde vai. Os olhos não podem vê-lo, os ouvidos não podem ouvi-lo, tampouco as mãos podem agarrá-lo" (p. 47).
→ Por que Max escreve que isso é uma boa notícia?
→ Você alguma vez experimentou o Espírito Santo dessa forma, ou seja, como algo que não pode ver, mas pode sentir? Em caso positivo, como sabia que era o Espírito?

4. Max escreve que, em razão de sermos "nascidos do Espírito" (João 3.8), "temos em nós o vento do Espírito, isto é, seu poder invisível. Somos hospedeiros do mistério e da majestade de Deus" (p. 48).
→ Caso você tenha uma fé a remo, de que forma o poder do Espírito poderia ajudar você a parar de remar?
→ Talvez sua fé a remo se manifeste apenas em algumas áreas de sua vida. Em caso positivo, quais são essas áreas e como você poderia se apoiar no Espírito para lidar com elas em vez de se apoiar em sua própria força?

5. Preencha as lacunas: "Nicodemos estava obcecado com a ideia de ___________. Por sua vez, o cristão vive obcecado com a ideia de _____________" (p. 49).

- O que "está feito" na fé cristã? Você acredita de verdade nisso? Por favor, explique.
- Suas atitudes e pensamentos indicam que você crê nessa verdade? Por favor, explique.

6. Mesmo que você seja cristão de longa data, é muito fácil retroceder a uma fé movida a remo.
   - Em sua opinião, por que isso acontece?
   - Em que você precisa acreditar a respeito do Espírito, de Jesus ou de Deus para ter uma fé movida à vela?

7. Imagine que você tem uma fé movida à vela, ou seja, uma fé que confia plenamente no Espírito para lidar com todas as suas necessidades e dificuldades. De que maneira sua vida cotidiana seria diferente da vida que você tem hoje?
   - Como você poderia agir diferente hoje?
   - Você consegue enxergar a si mesmo de outra maneira?
   - Consegue enxergar os outros de outra maneira?

8. Identifique uma dificuldade que você esteja enfrentando hoje.
   - Como você se comportaria se a estivesse enfrentando com uma fé a remo?
   - Como se comportaria se a estivesse enfrentando com uma fé à vela?
   - De que maneira você precisa confiar no Espírito para enfrentar essa dificuldade?

CAPÍTULO 4

GEMIDOS DO CORAÇÃO

O Espírito como intercessor

1. Qual é o papel da oração em sua vida? Você ora com frequência? Às vezes? Raramente? Você mantém uma lista ou um caderno de oração? Sim? Não? Por favor, explique.
   - Alguma vez você ficou sem palavras em uma oração? Por que foi difícil encontrar palavras durante aquela oração?
   - O que você faz quando não sabe como orar?
   - Max escreve que, quando não sabemos como orar, nossas orações parecem "gemidos do coração" (p. 56). Alguma vez você se sentiu como se suas orações se parecessem mais com gemidos que com palavras? Em caso positivo, qual era sua situação naquele momento?
   - Suas orações (mesmo sem dizer nenhuma palavra) ajudaram você naquele período? Sim? Não? Por favor, explique.

2. Leia Romanos 8.22-23,26-27.

   Sabemos que toda a criação tem gemido como em dores de parto até o presente momento. E não apenas isso, mas nós mesmos, que temos as primícias do Espírito, gememos em nosso íntimo enquanto esperamos ansiosamente por nossa adoção como filhos, a redenção do nosso corpo. [...] o Espírito nos ajuda em nossa fraqueza. Não sabemos pelo que devemos orar, mas o próprio Espírito intercede por nós por meio de gemidos inexprimíveis. E aquele que sonda nosso coração conhece a mente do Espírito, pois o Espírito intercede pelo povo de Deus de acordo com a vontade de Deus.

- → De acordo com essa passagem, o que o Espírito (no contexto da oração) faz a nosso favor? E quando ele faz?
- → Alguma vez você imaginou o Espírito intercedendo por você em oração? Como se sente a respeito dessa ideia? Esperançoso? Confuso? Cético? Por favor, explique.

3. Max comenta que o termo utilizado por Paulo em Romanos 8.26 ("fraqueza") é o mesmo que o apóstolo utiliza para se referir a uma doença física. Alguma vez você ou alguém que conhece adoeceu a ponto de não saber pelo que orar? Pedir cura por meio de médicos e medicamentos ou por meio de um milagre? Foi muito difícil orar naquele período?
   - → Talvez você não tenha adoecido a esse ponto, mas sem dúvida deve ter enfrentado períodos de fraqueza pela perda de um emprego, de um ente querido ou talvez por um divórcio. Max descreve essas situações como períodos em que surge "uma lacuna entre o que desejamos da vida e o que de fato obtemos" (p. 58). Pelo que você orou em momentos como esses?
   - → É difícil orar quando você se sente fraco? Sim? Não? Por favor, explique.

4. Alguma vez você se sentiu pressionado a orar pela coisa "certa"?
   - → Em caso positivo, de onde veio essa pressão?
   - → De que modo essa pressão influencia suas orações?

- → Como essa pressão afetaria suas orações caso você confiasse que "o próprio Espírito intercede por nós" (Romanos 8.26)?

5. Max escreve a respeito de sua experiência no Brasil a fim de ilustrar como o Espírito intercede a nosso favor. Alguma vez alguém intercedeu por você da mesma forma que Quenho intercedeu por Max? Em caso positivo, como foi essa experiência e de que forma a intercessão dessa pessoa mudou a situação em que você se encontrava?
   - → Como se sente ao saber que o Espírito está intercedendo a seu favor?
   - → Como essa crença poderia influenciar a forma como você ora?
   - → O que a intercessão do Espírito nos diz a respeito do caráter de Deus e de como ele se sente a respeito de seus filhos?
   - → Alguma vez você experimentou paz depois de alguém orar por você?

6. A versão proposta na Bíblia *The Message* traduz Romanos 8.27-28 da seguinte maneira: "[o Espírito] nos mantém presentes diante de Deus. É por essa razão que podemos ter certeza de que todos os detalhes de nossa vida de amor a Deus são transformados em algo bom".
   - → Qual é a promessa que essa passagem nos apresenta?
   - → Você está enfrentando alguma coisa hoje para a qual não consegue encontrar palavras para exprimir em oração? Em caso positivo, como poderia aplicar essa passagem a essa situação que você está vivendo? Que tipo de esperança essa promessa poderia trazer para você hoje?

CAPÍTULO 5

SALVAÇÃO GARANTIDA

O Espírito como selo

1. Max conta a história de uma viagem que fez na infância para visitar seus avós. Antes de embarcar, o pai dele colocou no seu bolso um bilhete que dizia: "Este garoto pertence a Jack e Thelma Lucado" (p. 68). Caso fosse você no lugar de Max, quais nomes estariam escritos nesse bilhete? Quem passa para você essa sensação de pertencimento?
   - → Como essa sensação de pertencimento influenciou sua infância?
   - → Caso você não tenha crescido com esse tipo de sentimento, como isso afetou você?
   - → Em sua opinião, por que é importante termos essa percepção de pertencimento em família, entre amigos e em nossa comunidade?

2. De acordo com Efésios 1.13 e 4.30, a quem pertencemos?
   - → Qual é a importância do verbo *selar*?
   - → Max define o verbo *selar* como o ato de declarar: "Isto é meu, isto está protegido" (p. 69). Você se sente dessa forma a respeito de alguém ou de alguma coisa em sua vida? Em caso positivo, quem ou o quê?

- O que significa o fato de Deus ter selado você com o Espírito Santo?

3. Leia Romanos 8.14-17.

   Pois todos que são guiados pelo Espírito de Deus são filhos de Deus. Portanto, vocês não receberam um espírito que faz de vocês escravos temerosos. Ao contrário, vocês receberam o Espírito de Deus quando ele os adotou como filhos próprios. Agora, o chamamos de "Aba, Pai", pois seu Espírito se une ao nosso espírito para certificar que somos filhos de Deus. E, uma vez que somos seus filhos, somos seus herdeiros. (NLT)

   - Que espírito *não* recebemos?
   - Que espírito *recebemos*?
   - Quando recebemos esse espírito?
   - De acordo com a lei romana, o que acontecia com o adotado? (Veja p. 71)
   - O que isso significa em seu relacionamento com Deus?
   - O que isso diz a você acerca de quem você é em Cristo?

4. Max comenta que Deus é chamado de pai 15 vezes no Antigo Testamento, porém mais de 200 vezes no Novo Testamento. Você enxerga Deus como seu pai? Em caso negativo, como você o enxerga?
   - Como você se sentiria se começasse a pensar em Deus como um pai bondoso?
   - Qual o papel do Espírito em nos ajudar a enxergar Deus como nosso pai? (veja Gálatas 4.6-7 e Romanos 5.5)

5. A passagem de 2Coríntios 1.21-22 traz: "Deus nos confirma, nos torna seguros em Cristo, coloca seu sim em nosso íntimo. Por meio de seu Espírito, ele nos carimbou com sua promessa eterna, um começo garantido daquilo que ele está determinado a completar" (The Message). O que o Espírito faz por nossa salvação?

- A essa altura da vida, você se sente seguro de sua salvação? Sim? Não? Por favor, explique.
- Como a promessa de que você está selado no Espírito influencia a forma como se sente a respeito de sua salvação?
- "Por que essa segurança é tão importante?", perguntou Max (p. 74). Como você responderia?
- Como você reage quando se sente inseguro?
- Como reage quando se sente seguro?
- Se você estivesse totalmente certo de sua salvação, essa certeza alteraria a forma como você age e se sente a respeito de si mesmo e dos outros hoje? Em caso positivo, explique.

6. A passagem de 1João 4.18 sugere que nossa insegurança a respeito de nossa salvação se deve ao fato de ainda não termos experimentado o amor perfeito de Deus. "Se temos medo, é porque tememos ser punidos, e isso mostra que ainda não experimentamos plenamente o amor perfeito dele" (NLT).
   - Você já experimentou o amor perfeito de Deus? Em caso positivo, como sabe disso? Em caso negativo, que tipo de amor você experimentou da parte de Deus?
   - Max define o amor perfeito de Deus da seguinte maneira: "Deus ama você com amor perfeito. Ele conhece perfeitamente seus erros passados e seus erros futuros, e mesmo assim, está plenamente disposto a amar você" (p. 76). Quando não experimentamos o amor perfeito de Deus, não é porque o amor dele não é perfeito. Antes, é porque muitas vezes não estamos dispostos a crer nesse amor. É difícil para você aceitar o amor perfeito de Deus? Sim? Não? Por favor, explique.
   - Com base no que aprendeu a respeito do Espírito nesse capítulo, de que maneira você poderia permitir que Deus ame você com amor perfeito hoje?

CAPÍTULO 6

ACALMANDO O CAOS

O Espírito como pomba

1. Preencha as lacunas: "Ansiedade não é sinal de ________, porém ela nos ________" (p. 80).
   - → O que está causando ansiedade em sua vida hoje?
   - → Como essa ansiedade influencia seu estado emocional, físico e espiritual?

2. De acordo com Gênesis 1.2: "A terra estava sem forma e vazia; e havia trevas sobre a face do abismo. E o Espírito de Deus pairava sobre a face das águas" (NKJV). Qual é o objetivo do Espírito nessa passagem?
   - → Qual é a importância do verbo *pairar* nessa passagem?
   - → O que aconteceu depois que o Espírito acalmou a terra?

3. Alguma vez você pensou no Espírito Santo como alguém que nos acalma? Sim? Não? Por favor, explique.
   - → Alguma vez você experimentou essa serenidade que o Espírito oferece? Em caso positivo, como descreveria a experiência?
   - → Essa paz que o Espírito Santo trouxe foi diferente de outras que porventura você já experimentou em sua vida? Por favor, explique.

4. Os quatro evangelhos registram o batismo de Jesus e mencionam o Espírito Santo descendo em semelhança de uma pomba. Tente visualizar a cena.
   → Em sua opinião, o que viram os observadores?
   → Em sua opinião, como Jesus se sentiu com essa manifestação do Espírito?
   → Mencione algumas características físicas e de personalidade que você já observou em uma pomba: ___________
   ____
   → O que essa imagem nos diz a respeito do Espírito?

5. Max comenta que a pomba era um símbolo feminino nos tempos bíblicos e que o termo hebraico utilizado para se referir ao Espírito é uma palavra feminina. Pense em algumas características exclusivamente femininas ou maternais.
   → Você já buscou consolo em alguma figura feminina?
   → Que consolo essa pessoa trouxe para você?
   → Por que é importante que o Espírito tenha essas qualidades femininas e maternais?
   → Como você se sente a respeito de o Espírito Santo ser apresentado como alguém com qualidades femininas ou maternais? É uma imagem útil para você? Talvez uma imagem nova ou estranha? Você tem dificuldade para aceitar essa imagem? Por favor, explique.

6. De modo geral, como você lida com a ansiedade? Quais mecanismos são mais úteis e por quê? Quais não funcionam e por quê?

7. Quais mecanismos Max sugere para combater a ansiedade? (Veja p. 88)

- → Você já usou louvor ou adoração para se livrar da ansiedade? Em caso positivo, como foi essa experiência?
- → De que forma louvor e adoração trazem consolo quando nos sentimos ansiosos?
- → Que papel o Espírito Santo pode ter em nossa luta contra a ansiedade por meio de louvor e adoração?

8. Pense em uma ocasião em que você se sentiu consolado quer pela pessoa que você mencionou na pergunta 5, quer por meio de louvor e adoração. Quais aspectos acerca dessa pessoa ou de sua experiência de louvor trouxeram sensação de paz?
   - → Como você poderia usar esse tipo de consolo contra a ansiedade que você está enfrentando hoje?
   - → Passe algum tempo pedindo consolo ao Espírito, em oração. Preste atenção a qualquer palavra de consolo ou a sentimentos de paz que o Espírito ofereça a você.

CAPÍTULO 7

COMO OUVIR A DEUS

O Espírito como coluna de nuvem e de fogo

1. Quando foi a última vez que você tomou uma decisão importante? A que se referia essa decisão?
   - → De que maneira você tomou essa decisão? Por meio de oração, conversando com amigos, fazendo uma lista dos prós e contras (ou outra maneira)?
   - → Como você se sentiu nesse processo?
   - → Você tem dificuldade para tomar decisões importantes? Sim? Não? Por favor, explique.

2. Como Deus guiou os israelitas depois de tirá-los do Egito?
   - → Os israelitas haviam acabado de sair de uma situação traumatizante (veja a história em Êxodo 1—3). Como reagiram à orientação de Deus?
   - → Você também gostaria de receber um sinal de Deus quanto ao próximo passo que deveria tomar em sua vida? Sim? Não? Por favor, explique.
   - → Em sua opinião, por que Deus não nos orienta por meio de colunas de nuvem e de fogo atualmente?

3. De acordo com Isaías 63.11-14, quem era a coluna de nuvem e fogo? Por que os israelitas precisavam desse tipo de orientação?

4. "Quem guia os filhos de Deus hoje?", perguntou Max. "O Espírito Santo! Temos o mesmo guia que os hebreus, exceto o maná" (p. 96).
   - → Alguma vez você pediu ao Espírito que participasse de uma decisão? Sim? Não? Por favor, explique.
   - → Em caso positivo, você entendeu a orientação do Espírito Santo? De que maneira?

5. Leia Romanos 12.2.

   "Não copiem o comportamento e os costumes deste mundo, mas deixem que Deus os transforme em uma nova pessoa por meio de uma mudança na forma como vocês pensam. Então aprenderão a conhecer a vontade de Deus para vocês, que é boa, agradável e perfeita." (NLT)
   - → O que esse versículo pede que façamos a fim de conhecermos a vontade de Deus para nós?
   - → Em sua opinião, a quais comportamentos e costumes Paulo estava se referindo nessa passagem?
   - → De que maneira esses comportamentos e costumes nos impedem de conhecer a vontade de Deus para nós?
   - → Alguma vez você agiu como um *seguidor de rebanho* ao caminhar em uma direção que só trouxe problemas? Em caso positivo, quais foram as consequências?
   - → Alguma vez você resistiu à tentação de ser um *seguidor de rebanho*? Em caso positivo, para onde Deus guiou você?

6. De acordo com Max: "Se você deseja ouvir a Deus, a primeira pergunta que tem de fazer não é 'O que devo fazer?', mas 'A quem devo ouvir?', 'Quem manda em minha vida?'" (p. 97).
   - → Neste exato momento, quem manda em sua vida?

- Por acaso essa voz está guiando você para onde Deus deseja que vá? Por favor, explique.

7. Depois de Moisés encerrar a construção do tabernáculo conforme as instruções de Deus, a Bíblia declara: "Então a nuvem cobriu o tabernáculo da congregação e a glória do Senhor encheu o tabernáculo" (Êxodo 40.34, NKJV).
    - Onde o Espírito de Deus passou a habitar a partir daquele momento?
    - Em sua opinião, por que Deus agiu desse modo com os israelitas?
    - Que importância isso tem para nós hoje?
    - Você crê que o Espírito Santo mora em seu coração? Em caso positivo, como sabe disso? Em caso negativo, por favor, explique.

8. A fim de discernirmos a vontade de Deus para nossa vida, Max pede: "Em primeiro lugar, vá ao verso. Em seguida, ouça a voz" (p. 100).
    - De que maneira a Bíblia pode nos auxiliar em nossas decisões?
    - Alguma vez a Bíblia ajudou você a tomar uma decisão? Em caso positivo, explique.
    - Quem é a voz a que Max se refere?
    - Você consegue ouvir essa voz? Em caso positivo, cite uma ocasião em que essa voz trouxe uma orientação que ajudou você a decidir o próximo passo.
    - Com base no que você aprendeu nesse capítulo, como a voz do Espírito soa para você?
    - Com o que essa voz não se parece?
    - Por que essa distinção é importante?

CAPÍTULO 8

ALMA FLAMEJANTE

O Espírito como fogo

1. Quando ouve expressões como "fogo de Deus" ou "fogo do Espírito", o que isso significa para você?
   - → Alguma vez você se sentiu dessa maneira em sua vida espiritual? Em caso positivo, quando?
   - → Se você nunca ouviu expressões como essas, o que pensa que significam? Soam estranhas, confusas? Você se identifica com elas? Por favor, explique.

2. Nesse capítulo, Max comenta três maneiras pelas quais o Espírito se apresenta como fogo. A primeira se refere a um fogo refinador. Conforme a passagem de Malaquias 3.2-3:
   "Porque ele é como fogo do ourives
   E como sabão do lavandeiro.
   Ele se sentará como um refinador e purificador de prata;
   Ele purificará os filhos de Levi,
   E os purificará como ouro e prata,
   Para que possam trazer ao SENHOR
   uma oferta de justiça."
   - → De acordo com essa passagem, qual é a função do fogo do ourives?
   - → Qual é o produto resultante desse fogo?

3. Essa ideia do Espírito Santo como fogo refinador e purificador faz você se sentir calmo, nervoso, ansioso, temeroso? Você sabe explicar o motivo de se sentir dessa maneira?
   - Alguma vez você experimentou o poder purificador do Espírito Santo em sua vida? Em caso positivo, como o Espírito transformou você nesse processo?
   - Existe alguma coisa em sua vida que tenha de passar por esse processo do Espírito? Algum mau hábito, um pecado repetitivo, um relacionamento tóxico?
   - Como você poderia convidar o Espírito para purificar essa área de sua vida?

4. Preencha as lacunas: "A vitória sobre o pecado é resultado da presença do _______ __ _______ em nossa vida" (p. 110).
   - Que papel isso desempenha em nossa estratégia de vencer o pecado em nossa vida?
   - Como você costuma lidar com seu pecado?
   - Essa estratégia funciona para você? Por favor, explique.
   - Qual é a diferença entre o que Paulo escreveu em Romanos 7 e em Romanos 8?
   - De que maneira você poderia recorrer mais ao Espírito Santo e menos ao "eu" para lidar com seu pecado?

5. A segunda maneira pela qual o Espírito se apresenta como fogo é seu poder enérgico. Max comenta a história de um estudante que perdeu a paixão pela fé. Que motivo levou esse estudante a perder a paixão, de acordo com o pastor dele?
   - Qual é o papel da igreja em sua fé?
   - Alguma vez você passou um período (talvez esteja passando agora) sem participar da igreja ou sem comunhão com seus irmãos na fé? Como isso afetou sua fé?

6. A passagem de Hebreus 10.24-25 traz: "Pensemos em uma forma de estimular uns aos outros ao amor e às boas obras, sem deixar de nos encontrar, como tem sido hábito de alguns, mas buscando nos incentivar uns aos outros, ainda mais agora que vocês veem o Dia se aproximando" (NRSV).
   - → De acordo com esses versículos, de que maneira a comunhão contribui para nos refinar?
   - → De que forma a comunhão estimula nossa fé?

7. Por fim, o Espírito Santo se apresenta como um fogo, no sentido de nos trazer proteção. Em Zacarias 2.5, Deus diz: "Eu mesmo serei um muro de fogo ao seu redor [...] e serei sua glória em seu meio" (NIV).
   - → Contra o que você precisa de proteção espiritual? Pecado, ansiedade, medo etc.?
   - → Como você se sente ao saber que pode se proteger dessas coisas por meio do fogo do Espírito Santo?

8. Você precisa do fogo do Espírito Santo hoje...
   - → para refinar alguma área de sua vida?
   - → para trazer energia?
   - → para proteger você de alguma coisa?

9. Encerre seu estudo meditando nas palavras de Davi em Salmos. Ore para que o Espírito Santo examine cada área de sua vida e faça uma obra poderosa em você.

> Deus, examina-me e conhece o meu coração;
> prova-me e conhece os meus pensamentos ansiosos.
> Vê se há em mim alguma coisa ruim.
> Guia-me pelo caminho da vida eterna.
> (Salmos 139.23-24, NCV)

CAPÍTULO 9

PEGADAS OLEOSAS

O Espírito como óleo da unção

1. Alguma vez você recebeu um novo cargo ou passou a exercer uma nova função? Talvez você tenha sido promovido no trabalho ou assumido um novo papel na família — por exemplo, a função de "mãe" ou "tio".
   - → Pense em uma ocasião como essa.
   - → Houve algum ritual, cerimônia ou comemoração para marcar essa mudança? Em caso positivo, por que você passou por isso?
   - → Em sua opinião, por que os seres humanos têm rituais e comemorações para marcar mudanças dessa natureza na vida?

2. Leia as passagens a seguir.

   "Samuel pegou o frasco de azeite que havia trazido e ungiu Davi com o óleo. E o Espírito do SENHOR veio poderosamente sobre Davi daquele dia em diante." (1Samuel 16.13, NLT)

   "Unja Eliseu, filho de Safate, da cidade de Abel-Meolá, para tomar seu lugar como meu profeta." (1Reis 19.16, NLT).

"Deus [...] derramou óleo aromático sobre tua cabeça, distinguindo-te como rei, muito acima de teus companheiros queridos." (Hebreus 1.9, The Message).

"O Espírito do Senhor está sobre mim, porque ele me ungiu." (Lucas 4.18).

- Qual é a função do óleo nessas passagens?
- O que significava ungir alguém com óleo?
- De que maneira o ritual da unção é semelhante ao ritual ou à comemoração que você mencionou na primeira pergunta? De que maneira é diferente?

3. De acordo com 2Coríntios 1.21-22, como Deus nos ungiu?
   - Tendo em vista as passagens apresentadas na segunda pergunta, como essa unção altera nossa identidade?
   - Como você se sente a respeito dessa imagem de que somos ungidos com o Espírito? Esse é um conceito estranho ou familiar para você? Por favor, explique.

4. A unção de Moisés sobre Arão e seus filhos marcou a nova identidade deles como sacerdotes do Senhor. O que Max comenta a respeito da importância dessa ocasião? (Veja p. 120)

5. A passagem de 1João 2.20 informa que recebemos uma unção parecida com a de Arão: "Mas vocês têm uma unção do Espírito Santo [vocês foram separados, especialmente dotados e preparados pelo Espírito Santo], e todos vocês sabem [a verdade, pois ele nos ensina, ilumina nossa mente e nos protege do erro]" (AMP).
   - O que a unção que você recebeu comunica a respeito do seu propósito na vida?

- → O que a unção que você recebeu comunica a respeito do favor de Deus sobre você?
- → O que a unção que você recebeu comunica a respeito da autoridade que você tem?

6. De acordo com Atos 2.17: "Nos últimos dias acontecerá, Deus declara, que derramarei meu Espírito sobre toda carne". Qual é a importância do verbo *derramar* aqui?

7. "Você foi ungido pelo Espírito Santo. E essa unção mudou tudo", escreveu Max (p. 122). Você sente que a unção do Espírito mudou a sua vida? Em caso positivo, por favor explique.
   - → Se você não tem certeza disso, pense em como a confiança nessa unção poderia mudar a forma como você pensa e sente a respeito de si mesmo.
   - → Como mudaria a forma como você se relaciona com os outros?
   - → Como mudaria a forma como você enxerga seu propósito na vida?

8. Max comenta um episódio em que o poder do Espírito Santo interveio enquanto ele conversava com um amigo.
   - → O que Max fez durante a conversa?
   - → Como o Espírito Santo respondeu?
   - → Alguma vez o Espírito interveio dessa forma em sua vida, ou seja, fornecendo sabedoria ou conhecimento que você não teria de outra forma? Em caso positivo, o que o Espírito disse ou mostrou a você?

9. Como seria seu cotidiano caso vivesse o tempo todo ciente de que você foi ungido pelo Espírito Santo, de que o poder do Espírito foi derramado sobre você e de que hoje você dispõe da autoridade do Espírito?

CAPÍTULO 10

A GRANDE ONDA

O Espírito como rio de água viva

1. Max descreveu a situação do cristianismo nos Estados Unidos no final do século 18. Como essa situação se compara com o lugar em que você vive hoje?
   - → O cristianismo caminha firme e forte onde você vive? Ou está em declínio?
   - → Como você se sente a respeito da situação da fé em sua igreja?

2. Como você definiria *reavivamento*?
   - → Alguma vez você viu ou participou de um reavivamento? Em caso positivo, como foi essa experiência para você e para os envolvidos?
   - → Alguma vez você experimentou um reavivamento pessoal, ou seja, um reavivamento de sua fé? Em caso positivo, o que ocasionou esse reavivamento em você?

3. Leia a passagem a seguir.

"No último e mais importante dia da festa, Jesus se levantou e disse em voz alta: 'Se alguém tem sede, venha a mim e beba. Se alguém crer em mim, de seu interior fluirão rios de água viva, conforme afirma a Escritura'. Jesus estava falando sobre o Espírito. O Espírito ainda não havia sido concedido, pois Jesus ainda não havia sido glorificado. Mais tarde, porém, todos que cressem em Jesus receberiam o Espírito." (João 7.37-39, NCV)

Jesus disse essas palavras no final da festa dos Tabernáculos, momento em que se comemorava o milagre da pedra que forneceu água para Moisés e o povo (veja o relato em Êxodo 17.1-7).

- → Qual é a importância dessas palavras de Jesus durante o festival que comemorava aquele milagre?
- → Caso você estivesse lá naquele dia e estivesse familiarizado com o milagre da época de Moisés, o que pensaria das palavras de Jesus?
- → O que simboliza a expressão "água viva"?

4. Max chama a atenção para a importância desta frase: "Se alguém tem sede, venha a mim e beba" (v. 37, NCV).
   - → De acordo com essa passagem, quem Jesus convida para vir e beber?
   - → Que promessa isso traz para você?
   - → Você tem alguma sede espiritual em sua vida? Em caso positivo, por favor, descreva-a.
   - → Como você tentou saciar essa sede?
   - → De acordo com essa passagem, a quem devemos ir para saciar nossa sede?
   - → De que maneira Jesus, e somente ele, pode saciar nossa sede espiritual?

5. Jesus disse: "Se alguém crer em mim, de seu interior fluirão rios de água viva" (v. 38, NCV).

- → O que Jesus quis dizer com isso?
- → Max diz que, quando o Espírito Santo flui de nosso interior, nos traz "refrigério, consolo, apaziguamento. O Espírito Santo flui de nós para os lugares áridos do mundo" (p. 133). Alguma vez o Espírito operou dessa maneira por seu intermédio? Em caso positivo, qual foi o resultado?
- → Alguma vez você viu o Espírito operando dessa forma na vida de outra pessoa? Em caso positivo, de que maneira o Espírito, ao fluir dessa pessoa, influenciou você?

6. Max escreve que o fluir do Espírito pode produzir reavivamento (p. 134). Como seria sua igreja ou sua cidade caso todos os cristãos ao seu redor permitissem que o Espírito Santo fluísse deles? O que mudaria?
   - → O que nos impede de permitir que o Espírito flua em nossa vida?
   - → Você consegue imaginar um reavivamento parecido com o de Cane Ridge acontecendo em sua cidade hoje? Por favor, explique.
   - → O que você tem pedido em oração por sua cidade?
   - → Qual papel você poderia desempenhar em tornar essas orações uma realidade em sua igreja?

7. Max escreveu uma breve oração ao final desse capítulo: *Por favor, Senhor, derrama água viva em teus filhos. Faz com que nos tornemos fonte de vida e de amor aonde quer que formos. Queremos nos tornar servos úteis.* De que maneira você poderia se tornar uma fonte de vida e de amor por onde quer que ande?

CAPÍTULO 11

FALE!

O Espírito como língua de fogo

1. No início desse capítulo, encontramos um Pedro renovado, um discípulo corajoso que pregou as boas-novas durante Pentecostes, de acordo com a passagem a seguir:

   "Pedro se levantou com os Onze e se dirigiu à multidão em voz alta: 'Companheiros judeus e todos que vivem em Jerusalém, deixem-me explicar isto; ouçam com atenção o que tenho a dizer [...] Arrependam-se e sejam batizados, todos vocês, em nome de Jesus Cristo, para o perdão de seus pecados. E receberão o dom do Espírito Santo. A promessa é para vocês, para seus filhos e para todos que estão longe, para todos quantos o Senhor nosso Deus chamar'". (Atos 2.14, 38-39, NIV)

   → Pedro fez três coisas no versículo 14. Quais?
   → Como você descreveria o tom das palavras dele perante a multidão?

2. Leia o que Pedro fez depois da Páscoa e antes da crucificação de Jesus (Lucas 22.54-62).
   → Como você descreveria Pedro nessa passagem?

- → Como o comportamento dele em Lucas 22 difere do de Atos 2?
- → Em sua vida hoje, você se sente mais parecido com o Pedro da Páscoa ou com o Pedro de Pentecostes? Por favor, explique.

3. Você conhece alguém com uma fé vigorosa parecida com a de Pedro em Pentecostes? Em caso positivo, quais qualidades essa pessoa demonstra?
   - → O que torna a fé dessa pessoa forte e corajosa como a de Pedro em Pentecostes?
   - → Como você responderia à pergunta de Max sobre o Pedro de Pentecostes: "O que deu em Pedro?" (p. 139).

4. Leia a passagem a seguir.

"De repente, um som como de um vento muito forte veio do céu e encheu toda a casa em cujo interior estavam sentados. Eles viram o que pareciam línguas de fogo que se separaram, pousando em cada um deles. Todos ficaram cheios do Espírito Santo e começaram a falar em outras línguas, conforme o Espírito os capacitava.

Havia em Jerusalém judeus tementes a Deus provenientes de todas as nações debaixo do céu. Quando ouviram esse som, ajuntou-se uma multidão perplexa, pois cada um ouvia sua própria língua sendo falada." (Atos 2.2-6, NIV)

- → Como foi a chegada do Espírito?
- → Com o que o Espírito se parecia?
- → Quais pessoas o Espírito encheu?
- → O que o Espírito as capacitou a fazer naquele dia?

- → Por que foi importante que esse ato do Espírito ocorresse em Jerusalém no Pentecostes?
- → Quantas nações estavam representadas naquele dia?
- → O que esse relato comunica a você a respeito do poder do Espírito Santo?
- → O que comunica a respeito daqueles por meio de quem o Espírito opera?

5. Pessoas que testemunharam aquele acontecimento exclamaram: "O que poderia significar isso?" (Atos 2.12, NKJV). Como você responderia a essa pergunta?

6. Alguma vez você se sentiu sem saber o que dizer diante de uma oportunidade de compartilhar sua fé? Alguma vez se arrependeu de não ter falado sobre sua fé?
   - → Em caso positivo, o que impediu você de falar ou por que foi difícil encontrar palavras para se expressar?
   - → O que o relato de Pentecostes nos comunica a respeito de compartilhar nossa fé com outros?
   - → Quem compartilhou a fé com você?
   - → Quais palavras essa pessoa usou?
   - → Em sua opinião, o que capacitou essa pessoa a compartilhar a fé com você?

7. Max comenta a história de três pessoas comuns que compartilharam suas experiências de conversão: Brenda Jones, Antenor Gonçalves (e o pai dele) e Mike (um amigo de Max dos tempos de escola). Com qual dessas histórias você mais se identifica e por quê?
   - → O que essas três pessoas têm em comum?
   - → De que maneira cada uma delas compartilhou sua experiência de fé?

- Que impacto isso causou na vida dos outros?
- O que isso diz a você sobre como o Espírito pode nos usar para compartilhar Deus com as pessoas ao nosso redor?
- Como o Espírito poderia usar você? Como você gostaria de compartilhar sua fé: ao estilo olho no olho, a exemplo de Brenda; por meio de uma pregação, a exemplo de Antenor; ou por meio de atitudes, a exemplo de Mike?

8. O que significa *Ebenézer*?
   - Você tem alguma Ebenézer em sua vida? Em caso positivo, qual? Por que é importante para você?
   - Você se sente chamado a compartilhar sua história de fé com alguém próximo ou por meio de pregação ou escrita? Em caso positivo, com quem deseja compartilhar e como poderia falar a essa pessoa (ou pessoas) a respeito de sua Ebenézer?
   - Caso você se sinta relutante em compartilhar sua história de fé, de que maneira essa Ebenézer poderia estimular você a isso?

CAPÍTULO 12

NINGUÉM ME SEGURA

O Espírito como doador de dons

1. O que você já sabia a respeito dos dons espirituais antes de ler esse capítulo?
   - → Você tem algum dom espiritual? Qual (ou quais) e em que momento da vida você percebeu que era um dom espiritual?
   - → Caso você não esteja familiarizado com a ideia de dons espirituais, gostaria de aprender mais sobre isso? Quais perguntas você gostaria de fazer a respeito desse assunto?

2. Max apresenta cinco passagens que mencionam os dons do Espírito: 1Coríntios 12.8-10; 1Coríntios 12.28-30; Romanos 12.6-8; Efésios 4.11-12; e 1Pedro 4.10-11. Leia essas passagens e sublinhe todos os dons mencionados.
   - → Quantos dons do Espírito você encontrou?
   - → Quais desses dons você acha que tem?
   - → Você considera alguns desses dons mais importantes que outros? Quais e por quê?

3. Preencha as lacunas: "A presença de dons espirituais exige __________ para usá-los com __________" (p. 156).
   - → De que maneira é possível usar um dom espiritual de forma imatura ou insensata?

- → Alguma vez você, ou alguém que conhece, usou mal um dom espiritual? Qual foi o resultado?
- → Qual é o perigo de usarmos mal nossos dons espirituais?

4. Qual é a diferença entre talento natural e dom espiritual?
   - → Quais talentos naturais você tem?
   - → Quais dons espirituais você tem?
   - → Você usa algum de seus talentos naturais para os propósitos de Deus? Em caso positivo, como? Em caso negativo, consegue pensar em uma maneira de usá-los para Deus?

5. A que se referem os dons de discernimento?
   - → Você tem ou conhece alguém que tenha esse dom?
   - → Caso você tenha algum dom de discernimento, como isso tem sido útil em sua vida espiritual?
   - → Ou, caso você conheça alguém com esse dom, por acaso o dom dessa pessoa trouxe bênção para você em sua caminhada espiritual? Em caso positivo, como?

6. A que se referem os dons operativos?
   - → Você tem ou conhece alguém que tenha esse dom?
   - → Caso você tenha algum dom operativo, como isso tem sido útil em sua vida espiritual?
   - → Ou, caso você conheça alguém com esse dom, por acaso o dom dessa pessoa trouxe bênção para você em sua caminhada espiritual? Em caso positivo, como?

7. A que se referem os dons declarativos?
   - → Você tem ou conhece alguém que tenha algum desses dons?
   - → Caso você tenha algum dom declarativo, como isso tem sido útil em sua vida espiritual?

- Ou, caso você conheça alguém com esse dom, por acaso o dom dessa pessoa trouxe bênção para você em sua caminhada espiritual? Em caso positivo, como?

8. Max comenta o episódio em que recebeu o dom de falar em línguas, apesar de algumas vezes ter demonstrado sentimentos e pensamentos conflitantes acerca desse dom em seu ministério. Você encara algum desses dons com ceticismo ou hesitação? Em caso positivo, quais e por quê?
   - O que você aprendeu nesse capítulo teve alguma influência sobre sua hesitação ou seu ceticismo? Em caso positivo, explique.
   - Talvez você já creia ou já esteja familiarizado com esses dons espirituais. Nesse caso, de que maneira esse capítulo estimulou você nessa área de sua jornada espiritual?

9. Max cita um professor de teologia que categorizava seus ex-alunos como deusinhos ou deusões.
   - O que é um deusinho?
   - E um deusão?
   - Tendo em vista a situação de sua fé hoje, você classificaria a si mesmo como deusinho ou deusão? Por quê?

10. Responda às duas perguntas que Max propõe ao final desse capítulo.
    - O que aconteceria se cada cristão identificasse e aplicasse seus dons espirituais?
    - O que aconteceria se cada cristão agisse de acordo com a provisão e a orientação do Espírito?

CAPÍTULO 13

SOPRANDO SOBRE OSSOS

O Espírito como sopro

1. Nesse capítulo, Max fala a respeito da visão dos ossos secos no livro de Ezequiel. Leia a passagem a seguir.

   "O Espírito de Deus me levantou e me pôs no meio de uma planície coberta de ossos. Ele me fez andar ao redor e no meio deles: um monte de ossos! Havia ossos espalhados por toda a planície. Ossos secos, branquejados pelo sol." (Ezequiel 37.1-2, The Message)

   → Ezequiel viu aqueles ossos secos e caiu em desânimo. Existem "ossos secos" em sua vida que fazem você cair em desânimo? Quais?

   → Surpreendentemente, Deus convidou Ezequiel a convidar o Espírito. De que maneira Deus está fazendo o mesmo por você?

2. Leia as passagens a seguir.

   "Então ele me disse: 'Profetize sobre estes ossos e diga-lhes: Ossos secos, ouçam a palavra do SENHOR. Assim diz o Senhor Deus a esses ossos: Veja, farei que o sopro entre em vocês, e retornarão à vida. Colocarei tendões em vocês, e carne em seus ossos, e os cobrirei com pele, e lhes colocarei o sopro, e retornarão à vida, e saberão que eu sou o SENHOR!'" (Ezequiel 37.4-6, ESV)

"Então profetizei conforme fui ordenado. E, enquanto profetizava, houve um som, e veja só, um barulho de matraca, e os ossos se uniram, osso com osso. Olhei, e veja só, havia tendões neles, e carne sobreveio a eles, e pele os cobriu. Mas não havia neles sopro." (Ezequiel 37.7-8, ESV)

→ O que aconteceu aos ossos secos quando Ezequiel profetizou sobre eles?
→ E o que não aconteceu aos ossos?

3. Prossiga com a leitura de Ezequiel.

"Então ele me disse: 'Profetize ao sopro. Profetize, filho do homem, e diga ao sopro: Assim diz o SENHOR Deus: Venha dos quatro ventos, ó sopro, e sopre sobre estes mortos, para que vivam'. Então, profetizei como ele me ordenou, e o sopro entrou neles, e viveram e se levantaram, um exército muitíssimo grande." (Ezequiel 37.9-10, ESV)

→ O que aconteceu com os corpos quando Ezequiel profetizou ao sopro?
→ O que o sopro representa?
→ De onde veio esse sopro?
→ Qual é o papel do sopro em nosso corpo?
→ O que isso diz a você a respeito da natureza vital do Espírito Santo?

4. Que função Ezequiel desempenhou em trazer os ossos secos de volta à vida? O que isso diz a você a respeito do papel que desempenhamos em trazer nossos ossos secos de volta à vida?

5. Leia a passagem a seguir.

   "Ao entardecer daquele dia, o primeiro dia da semana, estando os discípulos a portas trancadas por medo dos judeus, Jesus veio e se pôs no meio deles e disse: 'Paz seja com vocês!'. Quando disse isso, mostrou-lhes as mãos e o lado. Então os discípulos se alegraram quando viram o Senhor. Jesus disse mais uma vez: 'Paz seja com vocês! Assim como o Pai me enviou, assim os envio'. E depois de dizer isso, soprou sobre eles e disse: 'Recebam o Espírito Santo. Se perdoarem os pecados de alguém, estarão perdoados; se não os perdoarem, não estarão perdoados'." (João 20.19-23, ESV)

   → Como Jesus concedeu o Espírito Santo aos discípulos?
   → O que se destaca na maneira como Jesus concedeu o Espírito aos discípulos?
   → O que isso diz a você a respeito de como e quando Deus concederá o Espírito a você?
   → Você já permitiu que Deus lhe conceda o Espírito como um presente? Sim? Não? Por favor, explique.
   → Em caso positivo, de que modo você experimentou o Espírito como um dom?
   → Em caso negativo, o que o está impedindo de receber o Espírito?

6. Pense nas áreas secas de sua vida, as quais mencionou na primeira pergunta. Com o que esses ossos secos se pareceriam caso retornassem à vida?

- → Você já pediu ao Espírito que sopre sobre essas áreas secas de sua vida? Sim? Não? Por favor, explique.
- → Imagine seus "ossos" secos retornando à vida. Como seria sua vida se você passasse a cooperar com o Espírito?

7. Talvez você se sinta ressecado. Conforme escreveu Max: "Você está cansado? Inale o Espírito. Está estressado? Inale o Espírito. O medo ameaça tomar conta de seu coração? Respire fundo e inale o sopro da vida" (p. 179). Respire fundo agora mesmo. Ao fazer isso, peça ao Espírito Santo que sopre vida em todos os ossos secos de seu corpo e confie que o Espírito é capaz de conceder a você uma vida nova.

Este livro foi impresso pela Cruzado, em 2022, para a
Thomas Nelson Brasil. O papel do miolo é pólen natural 80g/m^2
e o da capa é cartão supremo 250g/m^2.